Ernst von Destouches

Orlando di Lasso - ein Lebensbild zum dritten Centenarium seines Todestages

14.Juni 1894

Ernst von Destouches

Orlando di Lasso - ein Lebensbild zum dritten Centenarium seines Todestages
14.Juni 1894

ISBN/EAN: 9783743615830

Hergestellt in Europa, USA, Kanada, Australien, Japan

Cover: Foto ©ninafisch / pixelio.de

Manufactured and distributed by brebook publishing software (www.brebook.com)

Ernst von Destouches

Orlando di Lasso - ein Lebensbild zum dritten Centenarium seines Todestages

Orlando di Lasso.

Ein Lebensbild

zum

dritten Centenarium seines Todestages

(14. Juni 1894)

von

Ernst von Destouches

kgl. bayer. Archivrath,
Archivar und Chronist der Stadt München.

———

Mit 5 Abbildungen.

München 1894.
Verlag der J. J. Lentner'schen Buchhandlung
(Ernst Stahl jun.)

Der

Königlich Bayerischen

in

hochachtungsvollster Verehrung

gewidmet

vom

Verfasser.

Das Jahr 1594*) bildet einen gewaltigen Markstein in der Geschichte der Musik; ist es doch das Todesjahr der beiden größten Meister des mittelalterlichen ernsten Kirchenstils und contrapunktischer Form, des Giovanni Pierluigi da Palestrina, dem man »Princeps musicae« auf seinen Grabstein schrieb, und Orlando bi Lasso's, dessen von dem berühmten bayerischen Kupferstecher Johann Sabeler im Jahre 1593 in Kupfer gestochenem Bildnisse das Distichon:

»Hic ille Orlandus Lassum qui recreat orbem,
Discordemque sua copulat harmonia«

beigesetzt worden war; ist es doch zugleich aber auch — wie Riehl in seinem am 16. Februar 1892 zu München gehaltenen Vortrag über „Die Renaissance in der Musik und die Entstehung der Oper" des Ausführlicheren darthat, — das Geburtsjahr der Oper.

Schon seit mehr denn Jahresfrist trifft die Stadt Mons (Bergen) im Hennegau in Belgien, die Geburtsstadt Orlando's, großartige Vorbereitungen, um das auf den 14. Juni b. Js. fallende dritte Centenarium ihres hochberühmten Sohnes in würdiger Weise zu begehen; glänzende Feste, darunter ein internationaler Sangeswettstreit und ein großes Musikfest mit Aufführung von Compositionen Orlando's, sind für die Tage des 23. bis 25. Juni b. Js. in Aussicht genommen, die dortige »Société des Sciences, des Arts et des Lettres du Hainaut« bereitete die Publikation eines größeren literarischen Denkmals für Orlando vor und hat mit dessen Herstellung ihre Mitglieder Jules Declève und den artiste-médailleur Louis Greuse betraut, und schon im August und November v. Js. ist Seitens des Stadtrathes zu Mons Einladung zur Betheiligung und Vertretung bei den geplanten Centenarfestlichkeiten an

---

*) Vorstehendes Orlando'sche Lebensbild erschien zum ersten Male gedruckt in der wissenschaftlichen Beilage zur „Allgemeinen Zeitung" Nr. 38, 39, 41, 44, 45 und 46 vom 15., 16., 19., 22., 23 und 24. Februar 1894.

den Magistrat der Stadt München ergangen, jener Stadt, von wo aus sich Orlando's Ruhm über ganz Europa verbreitet hatte, die ihn selber mit Stolz als einen ihrer größten Söhne nennt.

Da mag es angezeigt und gestattet sein, unter Zugrundelegung und Benützung eines Theiles der bisher über Orlando erschienenen Literatur¹), ferner des von dem Verfasser dieser Zeilen für das in der Ausarbeitung begriffene „Urkundenbuch der Stadt München" gesammelten urkundlichen Materials, sowie der Archivalien des Münchener Stadtarchivs und des kgl. Allgemeinen Reichsarchivs, der Münchener Stadtchronik, dann der Grundbücher des kgl. Grund- und Hypothekenamtes in München und der alten Matrikeln des Metropolitanpfarramtes zu U. Lieben Frau und des Stadtpfarramtes zu St. Peter ein Lebensbild dieses Heros der Tonkunst zu entrollen.

Orlando di Lasso (Orlandus de Lassus, Orland de Lassus, Roland Lassé, oder, wie ihn gar der Steuerschreiber im Stadt-Münchener Steuerbuche nennt: Hörlando; mit seinem ursprünglichen Familiennamen Roland de Lattre geheißen) war zu Mons (Bergen) im Hennegau und zwar, wie Delmotte nach Vinchants handschriftlicher Chronik in der Bibliothek zu Mons angibt, im Jahre 1520 geboren, während man in München noch zu Orlando's Zeiten das Jahr 1532 als sein Geburtsjahr annahm, sein Freund und Landsmann Quichelberg aber das Jahr 1530 als solches bezeichnet. Auch die späteren bayerischen Biographen hielten an dem Jahre 1532 als Orlando's Geburtsjahr fest, so daß dasselbe sogar monumentale Verwerthung fand. Es wird später übrigens sich nochmals Gelegenheit bieten, auf des Meisters Geburtsjahr zurückzukommen. Schon in seinem siebenten Lebensjahre war er Chorknabe an der St. Nikolaikirche in der Straße Havré und imponirte durch seine reine und melodische Stimme den Musikfreunden derart, daß er, wie Quichelberg versichert, seinen Eltern wiederholt entführt, aber jedesmal von ihnen wieder aufgefunden worden sein soll. Für glaubwürdiger hält es Muffat, daß erst in späterer Zeit ein Unglück, das seine Familie betraf, ihn zum Verlassen des Vaterlandes bestimmte. Die Verurtheilung seines Vaters als Falschmünzer soll nämlich den Knaben bewogen haben, seinen Namen in Orlando di Lasso zu verändern und sein Glück anderwärts zu suchen. Er kam zu Ferdinand I. Gonzaga, General im Heere Kaiser Karls V. und Vizekönig von Sizilien, der ihn mit sich nach Mailand und dann nach Sizilien nahm. Bei Ferdinand Gonzaga verblieb Orlando, nach Muffat, zwei Jahre, nach Lipowsky und Bäumler sechs Jahre, und schloß sich dann dem Constantin Castriotto an, der ihn nach Neapel in das Haus des Marquis de la Terza brachte, woselbst er gleichfalls mehrere Jahre verweilte. Von hier wandte er sich nach Rom, wo der Cardinalerzbischof von Florenz, der gerade dort anwesend war, ihn gastlich in sein Haus aufnahm und ihm nach Verlauf von sechs Monaten die Stelle eines Kapellmeisters an der Kirche San Giovanni in Laterano besorgte. In diese Lebensperiode Orlando's, in das Jahr 1545, fällt nach Delmotte der erste, mit Gewißheit bekannte Druck einer Composition des jungen Meisters, nämlich: Il primo libro de moteti di Orlando di Lasso, Venetia, Gardano, 1545. (Aus der Bibliothek des P. Martini nun im Conservatorium zu Bologna.) Wie die Archivnotizen der Basilika besagen, bekleidete er diese Kapellmeisterstelle bis zum Jahre 1548, während Quichelberg ihn bereits 1543 nach Mons reisen läßt, um seine schwer erkrankten Eltern zu besuchen. Er fand sie jedoch nicht mehr unter den Lebenden, und so verließ er denn auch alsbald wieder die Heimath, um in Gesellschaft eines Freundes der schönen Künste, des Edelmannes Julius Cäsar Brancaccio, eine größere Reise durch Frankreich, nach Quichelberg auch durch England, zu unternehmen. Abermals in sein Vaterland zurückgekehrt, ließ er sich in Antwerpen zu längerem Aufenthalte nieder, genoß hier den Umgang und die Freundschaft der angesehensten, berühmtesten Männer, und erfreute sich besonders der Gunst des Bischofs von Arras, Nikolaus Perrenot, des später unter dem Namen Granvella berühmt gewordenen Cardinals. Nachdem er am 13. Mai 1555 »Al Mag^{co} ed honorato Sor Stefano gentile« sein in Antwerpen gedrucktes erstes Buch der Madrigale ꝛc. gewidmet hatte, dedicirte er im folgenden Jahre 1556 seinem oben genannten Gönner Perrenot sein bei Johann Lätio in Antwerpen in 4° erschienenes, mit kaiserlichem Privilegio gegen Nachdruck auf vier Jahre versehenes Werk »Il primo libro de Motteti à cinque voci nuovamente posti in luce.« Die Compositionen, mit welchen er seit dem Jahre 1545 in die Oeffentlichkeit getreten war, hatten seinen Namen in den weitesten Kreisen bekannt gemacht und so auch die Aufmerksamkeit des Herzogs Albrecht V. von Bayern auf ihn gelenkt, welcher ihn im Jahre 1557 zum Eintritt in seine Dienste einlud und zugleich aufforderte, noch mehrere tüchtige Künstler mit sich an den bayerischen Hof zu bringen. Noch im selben Jahre leistete Orlando dem Ruf an den herzoglichen Hof zu München Folge und ward daselbst zum Direktor der Kammermusik mit einem Gehalt von 200 fl. ernannt. Es dauerte auch nicht lange, so hatte er sich in der alten bayerischen Herzogstadt ein eigen Heim gegründet; schon im nächstfolgenden Jahre 1558 stand er mit der „Edl. und tugendhafften" Regina Weckhingerin, einer herzoglichen Kammerdienerin, am Traualtar, die ihm dann auch eine treue, liebevolle Gefährtin durch sein an Freude, Glück, Ruhm und Ehren reiches Leben geworden und geblieben ist.

Ueber die Herkunft von Orlando's Gattin Regina Weckhingerin hat noch keine der bisher über den Meister erschienenen Biographien sich weiter ausgelassen. Vielleicht gibt Aufschluß darüber ein Eintrag auf Fol. 90½. des Buchs der Malzeiten im Hl. Geist-Spital zu München (verwahrt im Münchener Stadtarchiv), wonach „Margret Wäckhingerin, weiland des ehrenfesten Paulus Wäckhinger, gewesten Stadtschreibers zu Landshut, nachgelassene Wittib mit Urkunde vom 4. September 1581 eine jährliche Messe auf St. Elsbethen-Altar in der Siechstube des genannten Spitals und eine Geld-Spende von je 2 schwarzen Pfenningen für die armen Leute in der Siech- und Kindsstube und in der Keuche dortselbst mit einem Kapitale von 100 fl. stiftete." In diesen Stadtschreibers-Eheleuten von Landshut dürften vielleicht die Schwiegereltern Orlando's zu erblicken sein.

Im Jahre 1559 machte derselbe sich im Auftrage seines Herzogs an die Composition jenes Meisterwerkes, das ihm unvergänglichen Ruhm eingetragen: „Die Bußpsalmen Davids". Albrecht V. wurde von der herrlichen Composition dieses Tonwerkes so sehr entzückt, daß er Orlando bald darauf (1562) zu seinem obersten Kapellmeister ernannte an Stelle Ludwig Dasers. Das Werk selbst aber ließ er, wie auch noch einige spätere Compositionen bi Lasso's, durch den Hofkanzleischreiber Mathias Frißhamer von München in mehrere Foliobände auf Pergament prächtig schreiben und durch seinen Hofmaler Hans Mielich, um es zu einem wahren Nationalwerke zu erheben, mit Abbildungen alles dessen ausstatten, was der Nation achtungswürdig, ehrenwerth und heilig war. Kaspar Ritter besorgte die Saffianeinbände, welche von dem aus Ungarn gebürtigen Goldschmied Georg Segkhein mit Silber von emaillirter und vergoldeter Arbeit sehr schön und dergestalt schwer beschlagen wurden, daß dafür 41 Mark 12 Loth 2 Quint benöthigt worden sind, welche, die Mark zu 29 fl. veranschlagt, eine Ausgabe von 1211 fl. 39½ kr. verursachten. Die Fertigstellung und Ueberantwortung dieser großen „Gesangpuecher" an den Herzog erfolgte in den Jahren 1566, 1571 und 1572. Dr. Samuel Quichelberg mußte über die in diesen Prachtbänden befindlichen Rand- und Zwischengemälde und Gegenstände eine Beschreibung und Erklärung liefern, welche gleichfalls zwei Foliobände umfaßt. Dermalen zählt dieses Pracht- und Nationalwerk zu den Schätzen der k. bayer. Hof- und Staatsbibliothek zu München.

Während di Lasso an dieser Composition arbeitete, die ihm einen ähnlichen Weltruf, wie seinem Zeitgenossen Palestrina dessen »Missa Papae Marcelli«, begründete, — gab er in München auch Unterricht im Zinkenblasen. Nachdem er Kapellmeister geworden, hatte er den Unterricht der herzoglichen Cantorei-Knaben, deren es in der Regel zwölf waren, zu übernehmen. Durch seine Ernennung zum obersten Kapellmeister war Orlando an die Spitze der ersten Kapelle in Europa, welche die ausgezeichnetsten Musiker zu ihren Mitgliedern zählte, gelangt. Damals gehörten zu ihr 12 Bassisten, 14 Tenoristen, 13 Altisten, 16 Diskantknaben, 6 Castraten und 30 Instrumentalisten. Für seine Beförderung bewies sich der Meister seinem fürstlichen Gönner dadurch dankbar, daß er ihm im selben Jahre noch einen Band Motetten widmete und in der Dedication die Verdienste dieses Fürsten um die Musik pries. Die Dedication ist von Nürnberg, 1. Juni 1562, datirt, wohin, wie Muffat vermuthet, Orlando in Begleitung Herzog Albrechts selber gekommen war, der sich nach Frankfurt zur Königswahl Maximilians II. begab. Die Eingangsworte jener Dedication, welche »addictissimus servus Orlandus Lassus« unterzeichnet war, lauten: »Cum certo mihi persuasum habeo, Alberte princeps inclytissime, inter disciplinas ingenuas non infimum sibi locum vendicare artem Musices, non potui omittere, quin vestrae celsitudini, cui me totum dedicavi, fructum aliquem offerrem, et hoc eo lubentius, quod optime cognoscam, ipsam Musicae amantissimam et musicorum omnium fautricem longe benignissimam. Recordor enim, cum praecipuas Italiae, Galliae et Flandriae partes peragrarem, mihique cum variis Principibus et Dominis, ob Musices studium consuetudo, nec tamen exigua esset, nullum invenisse, qui tantopere artis Musices peritos amauerit, tantisque ornarit et cumularit honoribus ac beneficiis, tantoque animi impetu et industria in Musices disciplinis vigilaverit, quam eadem vestra Celsitudo.«

Das Jahr 1562 hatte Orlando aber auch noch eine weitere große Freude in's Haus gebracht, seine geliebte Ehewirthin gebar ihm ein Kind und erhielt als Kindbettgeschenk von Herzog Albrecht V. einen silbernen Gürtel (im Werthe von 13 fl.) verehrt. Ob dieses Kind das erstgeborene war, wie Bäumker behauptet, oder sein konnte, über diese Frage wird später zu verhandeln sein. Der Herzog ließ ihm auch eine eigene Hauskauffsteuer in Aussicht stellen, damit er sich und seiner von Jahr zu Jahr anwachsenden Familie ein eigenes Heim erwerben könnte. Der Erbprinz Herzog Wilhelm, in welchem für Orlando ein neuer Gönner heranwuchs, erinnerte seinen Vater in einem aus München batirten Schreiben an das dem „Orlandus" gegebene Versprechen, hiebei anführend, daß er zwar „auf des Herzogs Befehl schon ein Haus überkommen und den Kauf schon gemacht bis auf die Bezahlung, daß aber das Haus in andere Hände kommen möchte, wofern es nicht bald bezahlt würde." Das herzogliche Hofzahlamt zahlte nun dem Meister 1000 fl. aus, worauf, inhaltlich der noch im k. allgemeinen Reichsarchiv im Original erhaltenen Urkunde „Catherina, weiland Jeörgen Stain, Goldschmieds, Bürgers zu München, hinterlassene Wittib, am 16. August 1567, an Orlando Lasso, fstl. bayer. Kapellmeister und Regina Wäggingerin, dessen eheliche Hausfrau, ihr Haus, Hofstatt und Stallung zu München in der Grackhenau, zwischen Wolffganng Sittenhouers, Säcklers, und Thoman Metzgers, Bräuers, Häusern, — das frei eigen war, unverzigen die darauf ruhenden Ewig'gelder nemlich Conrad Langöttls Erben 5 fl., dem heil. Geist 11 Schilling, dem Pfarrer zum hl. Geist 1 Thaler, gegen Harlaching 1 fl., dem Parttenhauser 2 fl., zu der Astalerin Meß 2 fl., Oswalden Kheuffl und Lorenzen Städler 1 fl., Doctor Steffan 1 fl., Lienharten Widmaun 2 fl., Hannßen Eisenmann 2 fl. und Arsacien Schmelzer 7 fl, — um 1535 fl. Rheinisch verkauft hat, daran die Ewiggelder nach gebührlichem Anschlage aufgehoben wurden." Siegler der Urkunde war der Stadtunterrichter Simon Schaidenreisser, Zeugen die beiden Goldschmiede Lienhard Panmeister und der oben bereits genannte Jeörg Segkhein.

Die ehemalige Goldschmiedsbehausung, die Orlando nunmehr sein

Eigen nannte und in der er sich mit seinem geliebten Weibe und seinen Kinderchen häuslich einrichtete, lag auf der Nordseite des heute sogenanten „Platzls"; es wird später Veranlassung genommen werden, die Geschichte des besagten Hauses eingehend darzustellen. Vom nächsten Jahre an erscheint denn auch der Meister zum ersten Mal in den — im Stadtarchive verwahrten — Steuerbüchern Münchens und zwar unter dem Namen „Hörlianndo, Capelmaister", auch Horilando oder Orilandi, wie ihn der Steuerschreiber schrieb — als Hauseigenthümer eingetragen. Seit 1574 hatte er auch noch einen Garten zu versteuern.

Zum Dank für die eingelegte Fürsprache widmete Orlando noch im selben Jahre 1567 seinem jugendlichen Protektor seinen ersten Versuch in Componirung weltlicher deutscher fünfstimmiger Lieder, welche bei Adam Berg in München in 4° unter dem Titel: „Newe Teütsche Lieblein mit Fünff Stimmen, welche gantz lieblich zu singen vnd auff allerley Instrumenten zu gebrauchen", erschienen sind. „Ich habe vergangene etliche monat her" — sagt er in seiner Dedication — „mich sonderlich wider auf etliche teutsche Lieblein zu componiren begeben, und dieselben dem gemeinen Branch zugegen, den ich schier durchauß nit anders befinde, dann das es mit vier stimmen gar inn gewonheit kommen, jetzt mit fünff stimmen zu machen mich unberfangen, Inn ansehen das die hoch Teutschen auch under innen der kunst je lenger je mehr geübt, das immer wol fünf beysamen solten gefunden werden, auch aufferhalb deren, die sonst Literati geheißen sein, die solche mit einander möchten singen....."

Den andern zu München im Jahre 1573 erschienen Theil widmete Orlando dem Herzog Ferdinand (dem nachmaligen Gemahl der Maria Pettenbeck und Begründer der Gräflich Wartenbergischen Linie), den dritten Theil, München 1576, aber dem Herzog Ernst. — Emil Bohn in seiner am Schlusse in der Literaturangabe erwähnten Abhandlung konstatirt, daß Orlando im Ganzen 51 weltliche deutsche Lieder componirt habe, oder, wenn man, wie es in den Drucken der Zeit häufig vorkommt, die einzelnen selbstständigen Theile jener Lieder zählt, 73, während die Gesammtzahl der von ihm geschaffenen, zum Theil sehr umfangreichen Tonwerke nach ungefährer Schätzung über 2000 beträgt. Seine kulturhistorische Wirksamkeit lag eben auf einem ganz anderen Felde, auf dem der Kirchenmusik. Zieht man aber in Betracht, daß Lassus seiner Stellung nach sich nur in nebensächlicher Weise mit weltlichen Compositionen beschäftigen konnte, und daß er seine Mußestunden nicht nur deutschen, sondern auch lateinischen, französischen, italienischen und niederländischen Texten widmete, so gewinnt seine Beschäftigung mit dem deutschen Liede eine weit höhere Bedeutung. — Da es der Zweck dieser Abhandlung nicht sein kann, die einzelnen Tondichtungen Orlando's ausführlich zu besprechen, so vermag der Verfasser, so gern er es auch thäte, auf die Pflege des „deutschen Liedes" durch Orlando nicht näher einzugehen, und muß in dieser Beziehung auf Bohn's Schrift verwiesen werden. Kurz erwähnt soll nur werden, daß, nach Bohn, Lassus am glücklichsten im Volks-, Trink- und Liebesliede war, daß seine Trinklieder übersprudelnd von Laune und Humor gewesen, daß er aber nur das Lob des Weines in allen Tonarten gesungen, während das Bier consequent von ihm perhorrescirt wird, von ihm, der der rechtseitige Nachbar eines Bräuers war, und dem es gar erst des Schicksals Laune gefügt hat, daß — wie später dargethan werden wird — er auch noch der linksseitige eines solchen geworden, und daß sogar seine erste eigentliche Wohnbehausung mit dem nachbarlichen Bräuhause zusammengebaut und mit dem Namen „Platzbräuhaus" belegt worden und noch heutzutage ein Gasthaus ist, in dem das braune Naß verzapft wird! Seine Weinlieder aber, worunter „Der Wein, der schmeckt mir also wol", „So trinken wir alle diesen Wein mit Schalle", „Ein guter Wein ist lobenswerth" 2c., nennt Bohn als „echte Kneiplieder" behandelt, kurz und sinngemäß beklamirt, von scharf ausgeprägter, wohl auch herber Melodik, übermüthig im Rhythmus und in der Anwendung gewagter und frappirender Harmonien; von den Volksliedern bezeichnet er als die bekanntesten: „Mit Lust thet ich ausreiten", nnd „Es jagt ein Jäger vor dem Holz", von den Liebesliedern: „Wohl kommt der Mai." —

Das erste Jahrzehnt war verflossen, seit Orlando dem Rufe Albert V. in die Herzogsstadt am Isarstrande Folge geleistet, und das zehnjährige Wirken dieses Meisters hatte genügt, München zur hervorragendsten Pflegstätte der Musik zu machen, die Tonkunst in ihr zur höchsten Blüthe zu bringen und die bayerische Hofkapelle ihren Höhepunkt erreichen zu lassen. „Natürlich" — sagt Trautmann in seiner am Schlusse erwähnten Abhandlung „Italienische Schauspieler am bayerischen Hofe" — „verdankt sie das in erster Linie Orlando di Lasso's umsichtiger und genialer

Leitung, doch ist auch des kunstsinnigen Herzogs Verdienst hiebei nicht zu unterschätzen. In den von ihm ausgehenden Briefen läßt sich verfolgen, wie er durch ganz Europa Sorge trägt, die geeigneten Kräfte ausfindig zu machen, wie eifrig er, ohne Rücksicht auf den Kostenpunkt, bestrebt ist, „excellent guette singer" für sich zu gewinnen, „welche die capellen wol zieren muegen", wie er Ausschreiben erläßt an die Klöster des Herzogthums, um stimmbegabte Knaben nach München zu erfordern zur jährlichen Prüfung, und dann, zum letzten nicht, wie nachsichtig er gegen Sänger und Musiker war, die ja ein eigenartig und launenhaft Völkchen sind, gar schwer zu behandeln, ein Völkchen, von dem er einmal an seinen Sohn Ferdinand schreibt: „Du waist, was selzame Humores die leut haben vnd wie bald sy jren syn verkehren." Darum fühlten sich die Künstler so wohl an seinem Hofe, und davon gab Orlando bi Lasso selber öffentlich Zeugniß, als er am 1. Juli 1562 an seinen Gebieter von Nürnberg aus jene (oben erwähnte) Dedication richtete."

Dieses seltene harmonische Verhältniß hat aber andererseits wieder des Meisters eigene geniale und zugleich liebenswürdige Persönlichkeit begründet und gefördert, welcher ein Zeitgenosse und Collega, Massimo Trojano, folgendes ehrende Zeugniß ausgestellt hat: „Er lebt mit allen geehrten Tonkünstlern in solcher Eintracht, daß jeder im Umgang ihn verehrt und in seiner Abwesenheit nur rühmlichst sich über ihn äußert." Trojano hat damit sicherlich zugleich das ehrenvollste Zeugniß für jene ganze Zeit und des Orlando Zeitgenossen ausgesprochen, die das Verdienst so neidlos und uneingeschränkt anerkannt haben. Heißt doch sonst des Dichters Wort: „Es liebt die Welt, das Strahlende zu schwärzen", und wie ungezählte Male kam und kommt es in allen Berufsschichten und gerade vorzugsweise in den sogenannten höheren, gebildeten Gesellschaftskreisen vor, daß Niedertracht und Neid, Verfolgungs- und Verleumdungssucht den Andern mit giftigem Geifer zu besudeln und womöglich zu verdrängen oder ganz zu vernichten suchen.

In jene Periode nun fällt ein Ereigniß, welches so recht Gelegenheit bot, die hohe Blüthe der Tonkunst in München und zugleich das Wirken und die Verdienste ihres genialen Meisters im allerglänzendsten Lichte zu zeigen: die im Februar 1568 mit allem erdenklichen Prunke gefeierte Hochzeit des bayerischen Erbprinzen Herzog Wilhelm mit der Herzogin Renata von Lothringen. Von allen Seiten strömten die Fürsten

herbei mit herrlich geziertem Gefolge, so zahlreich, daß die Stadt kaum
Platz genug bot, die Gäste zu beherbergen. Es war, wie Aretin in
seiner Geschichte des bayerischen Herzogs und Kurfürsten Maximilian I.
sagt, ein Fest nicht nur für Bayern, sondern für halb Deutschland. Nicht
weniger denn drei große Festbeschreibungen sind über dasselbe erschienen,
eine von Heinrich Wirre, eine zweite von Hans Wagner mit Stichen
von Niclas Solis und eine dritte von dem obengenannten Massimo Trojano, einem Mitglied der Münchener, später der Landshuter Hofkapelle,
über welchen Trautmann am angeführten Orte interessante biographische
Notizen gebracht hat. Selbstverständlich waren es Compositionen Orlando's, unter dessen persönlicher Leitung aufgeführt, welche diese großartige, weltberühmt gewordene Hochzeitsfeier verschönern halfen. Aber
nicht bloß als Componist und Dirigent war er an derselben betheiligt,
auch als Stegreifkomödiendichter-Compagnon und Schauspieler sollte er
dabei auftreten, und das ging, wie Trojano berichtet, folgendermaßen zu.
Eines Tages kam dem erhabenen Herzog Wilhelm in den Sinn, eine
improvisirte Komödie zu sehen, und er ließ deshalb am folgenden Tage
Orlando di Lasso, welchen der Herzog als einen in diesen Künsten wohl-
erfahrenen Mann kannte, zu sich rufen und ertheilte ihm hiezu mit den
freundlichsten Worten den Auftrag. Orlando, welcher seinem gnädigen
Herrn auf keine Weise eine abschlägige Antwort zu geben sich getraute,
traf zufällig im Vorzimmer der erlauchten Braut den Massimo Trojano,
der eben mit Ludwig Welser, welchen Herzog Albrecht als Abgeordneten
nach Spanien gesandt hatte, Seine Majestät zur Vermählungsfeier ein-
zuladen, über die Angelegenheiten Spaniens im Gespräche begriffen war,
eröffnete demselben die Willensmeinung Herzog Wilhelms, und alsbald
wurde ein Thema zu dieser Vorstellung gefunden, und von Beiden die
Worte und Phrasen ausgedacht.... Orlando di Lasso spielte den vor-
nehmen venetianischen Herrn unter dem Namen Pantalon di Bisognosi
und erfreute sich, obwohl ein geborener Niederländer, in dieser vortrefflich
durchgeführten Rolle des allgemeinen Beifalls.... Im dritten Akte dieser
Stegreifkomödie, in welcher nur der Gang der Handlung vorher bestimmt,
die Ausführung des Dialogs aber dem Witze und der Schlagfertigkeit
der Acteurs überlassen war, erhielt Pantalon-Orlando — zum großen
Gelächter der Zuschauer — jämmerliche Prügel. Der Beifall, mit dem
die Darsteller, die ja keine Berufsschauspieler waren, von dem Publikum

belohnt wurden, war ein ebenso reicher, als wohlverdienter. Daß der‐
selbe vor Allem Maëstro Orlando galt, ist selbstverständlich; mit welcher
Maëstria erledigte nicht der geniale Mann neben dem rednerischen und
gesanglichen Theile seiner Rolle die gymnastische Seite derselben, wie
wacker schlägt er das Rad und nimmt die ihm von Poliboro so reichlich
zugemessenen Prügel entgegen; fürwahr — sagt Trautmann mit Recht —
das zeugt von einer Naivität, von einer kindlichen Lebensfreude, in die
wir uns heutzutage nur schwer mehr hineinzudenken vermögen.

Es war der damalige Dienst eines herzoglich bayerischen obersten
Hofkapellmeisters übrigens keineswegs leicht, wie schon aus nachfolgender,
gleichfalls von Massimo Trojano mitgetheilten Dienstordnung der Kapelle
hervorgeht. Ihr zufolge hatten „die Sänger jeden Morgen beim Hoch‐
amte, am Sonnabend und an gebotenen Feierabenden zur Vesper zu er‐
scheinen. Die Blasinstrumente spielten an Sonn- und Festtagen bei dem
Hochamte und der Vesper mit den Sängern; die Streichinstrumente da‐
gegen nur bei der Tafel; es gaben aber oft auch die herzoglichen Musiker
zur Mittagszeit auf der Viola, Viola di Gamba, dem Klavichord, der
Querpfeife und Zither und anderen Instrumenten mit den Kammersängern
die angenehmsten Konzerte. Bei der Tafel ist die Ordnung des Dienstes
folgende: Nachdem die ersten Speisen aufgetragen sind, Alles sich gesetzt
hat und alles Geräusch vorüber ist, beginnen die Blasinstrumente, als:
Sackpfeife, Flöte, Querpfeifen, Posaunen und Hörner französische Lieder
und andere muntere Stücke zu spielen. Nach diesem spielt Antonio
Morari mit seinen Musikern auf Saiteninstrumenten: der Viola, Viola
di Gamba und anderen ebenfalls französische Gesänge, Motetten und
Madrigale in schöner Harmonie. Endlich, wenn zum Nachtische die
Früchte aufgetragen werden, beginnt Orlando di Lasso mit seinen Sängern
seine täglich neu verfertigten Compositionen vorzutragen. Gewöhnlich
werden die schönsten Quartette, Terzette von diesen geübten Sängern
immer zu des erlauchten Herzogs vollkommener Zufriedenheit gesungen,
welcher, wie ich selbst gesehen, oftmals die Tafel unterbricht und der
Musik allein seine Aufmerksamkeit schenkt."

Aber nicht bloß Kapelldirektion und Composition lag dem Maëstro
ob, sondern auch der Unterricht der Kantoreiknaben, deren es 12—16
gewesen, und die er auch in Kost und Wohnung zu nehmen hatte. Wenn

aber Muffat und nach ihm Bäumker behaupten: Herzog Albrecht hätte es deshalb gern gesehen, daß Orlando ein eigenes Haus hätte, um jene Kantoreiknaben in Kost und Logis nehmen zu können, ferner, der Herzog habe aus diesem Grunde dem Orlando eine Beisteuer von 1000 fl. verheißen und auch wirklich gegeben, und Orlando habe deshalb vorzugsweise jenen oben erwähnten Hauskauf im Jahre 1567 abgeschlossen, so kann diese Behauptung nicht als vollständig richtig anerkannt werden, denn die herzogliche Kantorei besaß damals ein eigenes Haus, und zwar befand sich selbes in unmittelbarer Nähe von Orlando's Wohnhaus, an der Ostseite der Graggenau, des jetzigen „Platzl", und war, wie vom Verfasser dieses Lebensbildes solches in seiner Abhandlung: „Das königliche Hofbräuhaus und der alte Hofbräuhauskeller" („Jahrbuch für Münchener Geschichte" IV, 446), nachgewiesen, eines von den sieben Häusern, auf deren Areal nunmehr die Baulichkeiten des k. Hofbräuhauses stehen. Einlogirt und kasernirt waren also die Singknaben jedenfalls auch im herzoglichen Kantoreihaus, wenn auch Orlando für ihre Verköstigung dortselbst zu sorgen hatte, wie es auch schon sein Vorgänger, Kapellmeister Ludwig Daser gethan, dem 25 fl. für jeden der 12 Knaben und dazu noch 12 fl. Holzgeld — laut Personal- und Besoldungsstatus der Hofkapelle vom Jahre 1558 (s. Muffat) bezahlt worden sind.

Im Jahre 1569 hatte Orlando die Kantoreiknaben entweder überhaupt nicht mehr oder mindestens nicht mehr Alle in Kost, wie dies aus dem von Trautmann publizirten Auszuge aus der Hofzahlamtsrechnung jenes Jahres hervorgeht, welche folgenden Passus enthält: „Peter Gallmeier ist bezahlt; quattember reminiscere und pfüngsten, jede, in bedenckhung das er zehen knaben in der cofft helt, 116 fl., mer die quattember Michaeli, nachdem die knaben 12 geweft, 132 fl., und die quattember weinächten, dieweil er kheinen khnaben mehr gehabt, seine besoldung 36 fl., thuet alß 400 fl.; Richard von Ghenna, der knaben preceptor ist bezahlt quattember reminiscere, pfüngsten und Michaeli, jeder 57 fl. ½. Mehr die quattember weinächten in bedenckung, das er 10 cantorejkhnaben inn der costtung hat', 140 fl. ¼ thuet alles 313 fl." — Orlando selbst bezog in jenem Jahre 325 fl., der Unterkapellmeister Johann a Fossa pro Quatember 45 fl. Dieselbe Hofzahlamtsrechnung führt unter den damaligen 7 Altisten auch einen „Johann de Lasuß", bezahlt mit 144 fl., auf. Ueber denselben wird später noch speziell zu verhandeln sein.

Um diese Zeit hatte Orlando sowohl durch seine Compositionen, wie nicht minder durch die Erfolge als oberster Kapellmeister der berühmten Münchener Hoflapelle einen geradezu europäischen Ruf erlangt. Seine Zeitgenossen erkannten auch ihm, wie dem Palestrina, den ehrenvollen Titel: „Princeps musicæ" zu, und Kaiser Maximilian II. verlieh ihm und seinen legitimen Nachkommen auf dem Reichstage zu Speier aus eigenem Antriebe den Reichsadel und ein ritterliches Wappen, und ließ ihm unterm 7. Dezember 1570 das Adelsdiplom ausfertigen.

Im Jahre 1571 ging, wie Muffat des Ausführlicheren schildert, auch ein sehnlicher Wunsch Orlando's, nämlich Paris zu sehen, wo doch schon manche Composition von ihm erschienen war, in Erfüllung. Von seinem Kunstgenossen Adrian Leroy, der zugleich Buchdrucker und Musikalienhändler war, gastlich aufgenommen, ward er von diesem dem König Karl IX. vorgestellt, der ihn mehrmals zu sich lud und reich beschenkte. Zum Dank dafür widmete Orlando dem König eine Sammlung Lieder, welche als Dedication eine Ode auf den Monarchen enthielt. Aber auch fern der Heimath vergaß er seinen fürstlichen Gönner dortselbst nicht, ließ die für Herzog Albrecht V. komponirten fünfstimmigen Lieder in Paris drucken, und sendete sie von dort aus dem Herzog Wilhelm mit einer Widmung vom 26. Mai 1571 zu, deren Eingang lautete:

„Cum ex Bavaria Lutetiam, cuius urbis invisendae incredibili cupiditate diu flagrarem, pervenissem; Illustrissime Princeps; nihil mihi fuit antiquius, nihilque mihi prius faciendum esse existimaui, quam ut ex hac ipsa urbe totius Galliae capite, aliquod grati erga te animi monumentum ad te mittendum curarem."

Als Orlando aus seinem Urlaub wieder nach München zurückgekehrt war, stach ein Unbekannter sein Stammwappen in Kupfer mit folgender Unterschrift:

„Orlandi Lassi quicunque insignia cernis,
    Siste parum, vigili singula mente nota.
Ut Sol illustrat totum pulcherrimum orbem,
    Orlandum mundi sic plaga quaeque canit.
Herculeo cedunt animantia cuncta Leoni,
    Cedit at Orlando musica turba lubens.
Crux monstrat veteris Tibi Religionis amicum,
    Caetera tu tacito pectore volve licet."

Im Jahre 1573 ward auch Orlando's Bildniß in Kupfer gestochen.

Im selben Jahre begann auf Herzog Wilhelms Kosten in der eigens hiezu errichteten Druckerei der Druck der Sammlung von Orlando's bisher erschienenen Kirchenkompositionen, welche in fünf Bänden im größten Royal-folio-Format in den Jahren 1573—1576 herauskamen. Unter dem Datum: München, den 20. Juli 1573 durfte er den ersten Theil (Cantionum quas motetas vocant, opus novum) dem Herzog Wilhelm widmen. Den zweiten Theil dieses Prachtwerkes (Missae aliquot, quinque vocum) widmete er am 1. Januar 1574 dem Papste Gregor XIII. und reiste im Frühling dieses Jahres (1574) auch nach Rom, um dem Papste die beiden bisher erschienenen Bände persönlich zu überreichen. Auch bei diesem fand er, wie ein paar Jahre früher beim König von Frankreich, die ehrenvollste Aufnahme; der heilige Vater verlieh ihm sogar die Würde eines Ritters des goldenen Sporns (de numero participantium) und ließ ihn durch die Ordensritter Onorato Cajetano und Angelo Mezzatosta in der päpstlichen Hofkapelle mit dem Sporn und dem Schwert feierlich bekleiden und umgürten. Die Kosten von Orlando's Aufenthalt in Rom hatte Herzog Albrecht V. bestritten und dem Maestro am 1. Mai 1574 in Rom durch das Bankhaus Fugger 400 Kronen auszahlen lassen.

Unmittelbar an die Rom-Reise Orlando's soll sich nun, nach Angabe einiger Schriftsteller, eine zweite, jedoch nicht vollständig zur Ausführung gebrachte Pariser Reise angeschlossen haben. Muffat schreibt darüber:

„Wenn die Behauptung der Biographen Orlando's richtig ist, daß dieser von dem König Karl IX. von Frankreich — dessen Gemüth seit jener grauenhaften Nacht (24. August 1572), in der auf seinen Befehl das Blut Tausender von Hugenotten geflossen war, düstere Schwermuth umflorte — eine Einladung erhalten habe, wozu Orlando nach schwerem Kampfe und nur auf ausdrücklich erhaltene Genehmigung des großmüthigen Fürsten Herzogs Albrecht eingewilligt habe, so müßte Orlando's Reise nach Frankreich gleich unmittelbar von Rom aus erfolgt sein. Denn nach bisheriger Angabe soll er auf dem Wege nach Frankreich von dem am 30. Mai 1574 erfolgten Tode Karls IX. Kunde erhalten und dieses ihn bewogen haben, sein Vorhaben aufzugeben und wieder nach München zurückzukehren. Wie dem auch sei, wir finden ihn schon am 26. Oktober desselben Jahres wieder in dem Orte seines bisherigen ruhmvollen Wirkens."

Bäumker hingegen läßt sich hierüber folgendermaßen vernehmen: „Bei seiner bald darauf erfolgten Rückkehr (von Rom) nach München fand er eine Einladung Karls IX. vor, der ihn bat, nach Paris zu kommen und die Hofkapellmeisterstelle bei ihm zu übernehmen. Obwohl das Anerbieten des französischen Königs unter sehr vortheilhaften Bedingungen erfolgt war, zögerte Lasso doch, dasselbe anzunehmen. Seine schöne Stellung in München, die Anhänglichkeit an das herzogliche Haus, dem er durch so viele Wohlthaten verbunden war, hielten ihn zurück. Der Herzog, der das merkte, rieth ihm aber, er möge die bedeutendere Stellung, welche seiner am französischen Hofe wartete, nicht auf's Spiel setzen und der Einladung des Königs Folge leisten. So trat Lasso mit seiner ganzen Familie die Reise nach Paris an. Doch bereits in Frankfurt hörte er, daß Karl IX. am 30. Mai gestorben sei und kehrte nun schleunigst nach München zurück. Der Herzog empfing ihn mit offenen Armen; er hatte sogar ein eigenes Lobgedicht auf die Rückkehr seines Kapellmeisters verfaßt. Lasso nahm seine gewohnte Arbeit als Kapellmeister wieder auf und war nicht minder thätig im Componiren."

Daß Orlando nicht von Rom direkt nach Paris gereist sein konnte, daß er auch nicht erst am 26. Oktober, sondern schon am 18. Mai in Münchens Mauern weilte, geht aus einem Briefe hervor, den er aus München am 18. Mai an den Herzog Wilhelm gerichtet hat, wie aus dem Nachfolgenden ersichtlich werden wird.

Orlando di Lasso stand nämlich in häufigem Briefwechsel mit seinem Gönner Herzog Wilhelm. Vier solcher Briefe, deren Originale das Geheime Hausarchiv verwahrt, hat Trautmann mit ihrem Originaltext im 2. Bande des Jahrbuchs für Münchener Geschichte veröffentlicht. Sie tragen das Datum: Monaco, le 11 de settembre 1573, — Bologna, adi 3 del mese di marzo 1574, — Firenza alli 7 del mese di marzo 1574 und Monaco, a di 18 maggio 74, und der erste ist an Herzog Wilhelm abressirt: „doue sua Ex.$^{\underline{te}}$ si troua, der zweite und dritte, auf der Romreise Orlando's geschrieben, nach: Monaco o Lantzhuet", und der vierte nach „Friebberg." Nach dem Praesentatum wurden dieselben — was zur Beleuchtung der damaligen Verkehrsverhältnisse dienen mag — zugestellt: zu München, den 20. Septemb. Anno 1. 73; — zu Lanndtshuet 24 Martij 1574; — zu Lanndtshuet Anno 29 Martij 1. 74; — Geising den 27 Mai 1574. Es hat also jener aus Florenz batirte nicht weniger benn 22 Tage zu seiner Zustellung nach Landshut erfordert. Ueber den Inhalt dieser Originalbriefe, welche hier abzudrucken der Raum verbietet, äußert sich Trautmann u. a.: Des großen Meisters Briefe versetzen uns in jene schönen Tage zurück, da unser München geradezu den Mittelpunkt des europäischen Musiklebens bildete, das Wanderziel und den ersehnten Aufenthaltsort der „Cantores" und „Instrumentalisten" aus aller Herren Länder; sie zeigen uns, mit welch' verständnißvoller Freigebigkeit Herzog Albrecht V. und sein ebenso kunstliebender Sohn Wilhelm auf die Intentionen ihres genialen Kapellmeisters eingingen, und zum Letzten nicht, in welch' ungezwungener Weise Orlando mit seinen fürstlichen Gönnern verkehren durfte — ein Umstand, der gewiß nicht wenig dazu beigetragen, seine Schaffensfreude zu heben und zu erhalten. In dem ersten und vierten Briefe tritt uns der durch sein lustiges Wesen und seine Bonmots bei den Zeitgenossen berühmte „Gesellschafter" entgegen, in den beiden andern hinwider der „Künstler", der um die Vermehrung und Ausgestaltung seiner Kapelle besorgte Maëstro.

Und einen weiteren Brief, aber nicht Orlando's selbst, sondern dessen edel und tugendhafter Hauswirthin Regina aus derselben Zeit (vom 4. Mai 1575) hat Trautmann erst unlängst in der Monatsschrift des Historischen Vereins von Oberbayern (vom Mai 1893) veröffentlicht, dessen Original im Reichsarchiv hinterliegt, und worin „Regina lassin" dem Herzog Wilhelm ihren „diemittigen und hochfleissigen danckh" ausspricht, daß er ihr ihren Hauswirth wiederum mit Gnaden heimgeschickt, und für die Geschenke, die er ihr durch denselben gesendet, insbesondere für die „2 kunder set", worunter wohl die Bildnisse Herzog Wilhelms und seiner Gemahlin Renata verstanden waren. „Mein hauswirt", schließt sie ihren Brief, „last sich gegen E. f. g. Ent schuldig(en), das er E. f. g. jetzt nit schreibt, er mues vor Rastn, dan er ist gar miet, sunderlich vom pallon spill." Orlando selbst aber setzte an den Rand des Briefes mit eigener Hand die Worte:

„ Deça de la je voi toutte saison
mieux ne me trouue en fin qu'en ma maison".

welchen Spruch — wie Trautmann meint — dazumal etwa ein lobesamer „Liebhaber teutscher Poeterey" folgendermaßen „reymenweis" wiedergegeben hätte:

„Ich bsinn mich hin, ich bsinn mich her,
Wo's schöner benn zu Hause wär'."

„Wie ein Widerhall ungetrübter, gefesteter Häuslichkeit" — fährt Trautmann fort — „klingt es aus diesen wenigen Worten. Wir empfinden das tiefe Glücksgefühl, das den Meister im Kreise seiner Familie beseelt, in der stillen Stube seines Heims am Platzl brunten, das, dem feuchtfröhlichen Hofbräuhaus gegenüber, noch heute als Bierkneipe seinen Namen trägt. Vom ermüdenden Ballspiel kommend, ruht er im Lehnstuhl aus und sieht der wackeren Gattin zu, die in nicht allzu leicht aus der Feder fließenden Worten sich abplagt, dem hohen Gönner für die überbrachten Geschenke sich erkenntlich zu zeigen. Und als sie ganz besonders sich bedankt, daß der Fürst ihren lieben „hauswirt widerumben mit gnaden haben haimber geschickht", da mochte der Meister wohl der schönen Tage gedenken, die er unlängst bei Herzog Wilhelm und bei Renata von Lothringen auf der Trausnitz verlebt, unter anregenden Gesprächen und bei Würfelspiel und Becherklang. Denn damals, als Vater Albrecht mit kräftiger Hand das Regiment im Lande Bayern führte, drückten den jungen Thronfolger noch keine Herrschersorgen; der Ernst des Lebens, der ihn in späteren Tagen zu Weltflucht und Thronentsagung drängte, hatte noch nicht an seinem Frohmuth gerüttelt. Lustig hielt er mit seiner Gemahlin in Landshut Hof, auf dem herrlichen Bergschlosse, inmitten der geistreichen und kunstbegnadeten Männer, die seine freigebige Hand und sein reger Kunstsinn um ihn versammelt. Der Liebsten Einer von diesen war ihm Orlando di Lasso, der oftmals von München zu Besuch kam, und der nicht nur ein gewaltiger Meister im Reich der Töne war, sondern, was der Fürst nicht minder zu schätzen wußte, ein frischer Gesellschafter von übersprudelnder Laune und ein tapferer Zecher. Was Wilhelm, von Landshut aus, einige Tage später an Frau Regina schrieb, daß es zwischen ihnen „der biemuetigen danckhsagung" nicht bedürfe, und daß er ihnen „beiden in anderm mit gnaden gewogen" sei, hat er auch später als Herrscher dem Künstler gegenüber gehalten. Er ist Orlando ein milder Gönner, ja mehr noch, ein warmer Freund geblieben, und nächst seinem Vater Albrecht V. hat unsere Isarstadt es sicherlich ihm zu verdanken, daß der größte Tonkünstler des sechzehnten Jahrhunderts ein echtes und rechtes Münchener Kind geworden ist."

Nachdem 1574 der III. Band seiner oben besprochenen Sammlung von Kirchen-Compositionen (enthaltend: Officia aliquot de praecipuis festis anni, quinque vocum), welchen er dem Bischofe von Augsburg,

Johann Egenolf von Knöringen gewidmet hatte, erschienen war, gab er in den Jahren 1575 und 1576 den vierten (enthaltend: Passio quinque vocum etc.) und fünften (Magnificat aliquot etc.) heraus. Jedem der fünf Bände war das kaiserliche Privilegium gegen Nachdruck, d. d. Wien, 17. Mai 1565, beigefügt.

Die vielen Compositionen hatten Orlando eine namhafte Summe Geldes eingetragen, und ebenso hatten sich seine Vermögensverhältnisse durch die vielen fürstlichen Geschenke weiter verbessert, so daß er in den Stand gesetzt wurde, theils liegende Gründe zu erwerben, theils sein Geld auf Verzinsung anzulegen.

So kaufte er im Jahre 1578 am 15. Juni von Johann Winzhamer, fürstlichem Pfleger zu Grünwald, mehrere Häuser und Grundstücke in der Hofmark Maisach um 516 fl. rhein. Münze und 10 fl. Leitkauf. Ein anderes Gut hatte er zu Putzbrunn, Landgerichts Wolfratshausen, erworben. Ein bedeutenderes Kapital — die Summe von 4400 fl. — hatte er in vier verschiedenen Posten bei der herzoglichen Kasse gegen fünfprozentige Interessen angelegt. Als aber im Jahre 1579, am 24. Oktober, sein erster Freund und Gönner, Herzog Albrecht V., der ihm noch unterm 23. April desselben Jahres den lebenslänglichen Bezug von 400 fl. zugesichert hatte, durch den Tod entrissen wurde, da erwachte in Orlando auf einmal ein Gewissensskrupel wegen Unzulässigkeit der Zinsennehmung, — indem die römische Curie diese Art Gelderwerbes noch immer als Wucher bekämpfte. Er sandte den Betrag der von ihm bisher empfangenen Zinsen seinem nunmehrigen Gebieter, Herzog Wilhelm V., zurück, „aus christlichem guetem eyfer nnd gewissen, bevorab auch unserer heiligen allgemeinen Mutter der Kirchen vorgeende gotseelige Underricht und getreue Sorgfeltigkeit, so sy umb unsrer Seelen hail und ewiger Seeligkeit willen tragt." Der Herzog nahm zwar das Geld an, ließ aber dem Meister unterm 6. März 1580 eine (von Muffat im Wortlaut mitgetheilte) Urkunde ausstellen, wodurch er demselben die überlieferte Summe zum Geschenk machte, um so durch Unterlegung eines anderen Besitztitels den Frieden in Orlando's Gemüth wieder herzustellen.

Die Kapitalszinsen verwendete Orlando zu weiterer Vermehrung seines Immobiliarbesitzes; er kaufte am 15. Februar 1581 von Georg Gschwendtner, fürstlichem Stallmeister und Jakoba, dessen Hausfrau, deren gleichfalls in der Graggenau (am heutigen Platzl) gelegenes Haus, Hof,

Stallung und Garten um 1850 fl. und 40 fl. zu Leihkauf für des Verkäufers Hausfrau. „Da das Haus als ein Eckhaus", schreibt Muffat im Jahre 1853, „und mit der einen Seite an des Martin Lämpels und hinten gegen die Mauer als an Herzog Albrechts Stallung stoßend, bezeichnet wird, ließe sich dessen heutige Lage aus den Grundbüchern der Stadt München leicht ermitteln!" Das soll auch geschehen, und wird die vollständige Geschichte dieses zweiten Orlando-Hauses weiter unten ausführlich geschildert werden.

Seit dem Jahre 1584 hatte dann Orlando auch noch die Ewiggiltsteuer aus 15 fl. auf des Octavianus Albertus Haus und Garten an der Kerlspecker- (heutigen Herzogspital-) Gasse zu entrichten. Am 19. Juni 1584 reversirte er (mittels noch im k. Reichsarchiv erhaltener, mit seinem aufgedruckten Petschier versehener Urkunde), von Herzog Wilhelm von dessen Teuchelwasser (Hofbrunnenleitung) in sein Gärtel gegenüber der Ringmauer bei dem Wurzerthörl in seine Behausung, „die in der Graggenau hervorgehet", einen Steften Wasser bewilligt erhalten zu haben.

In das Jahr 1584 fällt ein Ereigniß im Leben Orlando di Lasso's, welches nicht wenig beitrug, dem berühmten Meister auch in den weitesten Schichten der Bevölkerung die größte Hochachtung und Verehrung zu erwerben. Ueber dasselbe berichtet ausführlich ein Augenzeuge, Herzog Wilhelms V. Rath, Licentiat Ludwig Müller in seiner unter dem Titel „Befehle und Anordnungen Wilhelm V., Herzogs aus Bayern, die hohe Fronleichnamsprozession betreffend" hinterlassenen Beschreibung derselben, von welcher Lorenz Westenrieder im V. Bande seiner Beiträge zur vaterländischen Historie im Jahre 1794, also gerade vor hundert Jahren, einen ausführlichen Auszug publizirte. Die ganze treuherzige, naive Denk- und Redeweise jener Zeit muthet uns aus jener Niederschrift an, und so mag die Schilderung jenes Ereignisses nach Westenrieder's Auszug hier ihre Stelle finden:

„Mit Hrn. Orlando di Lasso zehandlen.

Item was sich ao. 84 mit dem Wetter zugetragen. „Jr. Fürstl. Durchl. Capellmeister Orlando di Lasso — one das schon waiß wie er sich in allen verhalten, vnd alsbalt man von der Kirchen aufget vnd er mit seiner Cantorei, gleich schier zu den fürstl. personen khombt, die Muteten Gustate et videte quam suauis sit Dominus zu singen anfangen soll, daruf dann gemainclichen durch den Segen Gottes die Sonnen anhebt hell ze scheinen, welches etlich mal augenscheinlich gemerkht vnd gesehen worden, wie dann einmal ao. 84, wie der Bischoff von Aichstet alhie gewesen, vnd man bey S. Peter aufgangen, Ist gleich im anzug zu Morgen vmb 4 Uhr ein geling Wetter entstanden, donnert vnd gehimlezt vnd zwai Wetter zusamen gangen, auch dermassen zu regnen angefangen, das alle personen der figurn eilents in die häuser vnd Kirchen vntersteen vnd der Klaider verschonen muessen, Ist also yederman der mainnng gewesen, man werde von den Ungewitters wegen den Vmbgang bis auf einen andern schönen tag einstellen, Als haben die Fürsten personen etlichmal auf St. Peters Thurn sehen lassen, wie sich das wetter anlasse, ob demselben zuuertrauen, oder nit, aber alzeit durch die Thurner herab entboten worden, dem wetter sey khaineswegs zuuertrauen, Es gen wieder auf der andern seitten zway neue schwarze gewillkh vnd wetter auf, Also seyen die Fürstenpersonen lang im Zweifl gestanden, ob man aufgeen soll oder nit, nun haben Ir. fürstl. Durchl. mich zum Stuel in der Kirchen Hinzue gefordert vnd angefragt, was ich vermain das zethun sey darauf Ich vnderthenigist geantwort, es wurde, bo es regnen solte, grossen merkhlichen schaden bringen, aber dieweil der, welcher das wetter machen vnd aufhalten khönde, selbst mitgetragen, vnd Ime alls dem allmechtigen Gott dise ehr gescheche, So vermainte Ich, es wer demselben billich zuuertrauen, gefiel Ime dise andacht vnd Ererzaigung, so wurde er den regen schon aufhallten, wo nit So wurde er auch ein andermal regnen lassen, Ich mainte man soll vort geen, Darauf Ir. fürstl. Durchlaucht genebigist geantwortt, Sy wollens gott in seinen göttlichen willen heimstellen, vnd demselben billich vertraun, Ich soll nur anziehen lassen, wie Ich nun mit meinen Mitcommissarien yedermann in die ordnung angestellt, hat es anders nit gesehen, als wöll es alle augenplickh einen grossen plazregen thun, vnd etlichmal angehebt zu dropflen, Nun wie alle Ding in ordnung gewesen, bin Ich wiederumb zu Ir. Durchl. geritten, in die Kirchen hinein gangen, vnd Ir. fürstl. Durchl. gehorsamist vermelt, alle sachen seyen schon in guetter ordnung, Ir. frstl. Durchl. sollen nur in gottes Namen das hochwirdige Sacrament lassen bis zur Kirchtir anziechen, vnd bis die Clerisey mit Iren Kreuzen vnd fanen, auch die Brueberschafften füriber geen, alba verharren lassen, welches alba der ganzen Clerisey anzug vortziehen sehen, welche zeit alweil der Himmel gar Schwarz vnd trieb gewesen, vnd wie gleich das hochwirdig Sacrament durch die Kirchthür heraustragen wiert, vnd Herr Orlandt das gesang gustate et videte anhebt, so hebt die Sonnen dermassen an S. Petersthurn an zescheinen, das Ich vor lauter freiden aus der Ordnung trit, vnd zu Jr. fürstl. Durchl. hinzuegee, vnd zaig derselben, wie die Sonnen an die thürn scheint, vnd sag mit disen worten zu Jr. fürstl. Durchl. Gustate et uidete quam suauis sit Dominus timentibus eum et confidentibus ei, welches Jr. fürstl. Durchl. mit freuden angeheert, auch mir darauf genedigist geantwort, freilich, freilich. Ist auch also, die ganze procession mit schöner Sonnen, vnd doch einem seinem Kuelen lufftlen gar glickhlich vnd schön außgangen. vnd vmb die ganze Statt herum, auch widervmb menigelich one schaden zu hauß khomen, als balt aber die procession firiber gewesen, hat sich ein solcher iamerlicher platzreng erhebt, alls der mit schapfen guß also, das man vermaint, es well ein wolkhenbruch khomen, daraus die allmechtiglhait gottes, vnd die wahre presents des zarten Fronleichnams Jesu Christi vnd das dise schuldige ererzaigung vnd aller personen einhellige andacht gott dem allmechtigen wohlgefellig gewesen, leichtlich hat khöndten abgenomen vnd verstanden werden mögen, welches nit allein damals, sonder auch etlich mal vnterschidlicher weiß, sonderlich aber Heur auch genuegsam hat khönden gemerkht werden, dann man heur augenscheinlich gesehen, das der ganze Himl auf etlichen vnd vil meil wegs mit regen vmbzogen gewesen, auch ausser der Statt vberall greulich geregnet, aber durch den Segen Gottes vnd fromer leut treuherzigen gebett solcher regen miracolose durch einen saufften windt Ist aufgehalten vnd letzlich gar veriagt, also das Sy yedermeniglich von herzen darüber verwundert vnd es fir ein Miraculum vnd sondere gnab gottes gehalten worden, wie dann auch vnangesehen, das es am anziechen zimblich getrepflt vnd einen zimlichen grossen windt gehebt, also das es alle altar vnd Teppich, fanen vnd andere sachen fast durcheinander gewet, weder an Kleidern oder ainigen andern sachen khain schaden: Sonder do etwas genezt worden, mer aus Vnfleiß der Personen die Juen nit aufgehebt, geschechen, vnd is also etlich mal auch Jnn werender Prozession, obseruiert worden, wan der Herr Orland vnd die frstl. Cantorei biß gesang Gustate et uidete zu singen angefangen, Das allemal die Sunnen mer vnd schöner alls zuuor geschinen, welches die Fürsten personen selbst gemerkht, vnd etlich mal einen Camerdiener oder laggei zu mir geschickht, vnd sagen lassen, Ich soll aufs Gustate et videte merkhen, vnd ben Himel anſehen, welches Ich auch hierinnen Billich Gott vnd der anſechlichen proceſſion zu lob vnd dem herrlichen wol componierten lieblichen geſang zu Eren melden wellen." —

Am 17. Januar 1587 erfuhr Orlando bi Laſſo eine neue Gunſtbezeugung Herzog Wilhelms V., indem dieſer ihm einen Garten zu Schöngeiſing (zwiſchen Fürſtenfeld und Grafrath an der Amper gelegen) ſchenkte, damit er ſich hier von den Mühen ſeines Dienſtes Erholung und Zerſtreuung ſuchen könnte, und am 6. November deſſelben Jahres ſicherte der Herzog überdies Orlando's Gattin Regina eine jährliche Penſion von 100 fl. als Leibgeding zu für den Fall, daß ſie den Gatten überleben ſollte.

Daß Orlando gern in dem lieblichen Amperthale weilte, geht aus zwei von ihm abgeſchloſſenen Rechtsgeſchäften hervor, die in den alten Briefsprotokollen der ehemaligen Hofmark Bruck eingetragen ſind. Nach dem einen, am 2. September 1589 abgeſchloſſenen, lieh „der edl vnd veſſt Orlandy de Laſſo, fürſtl. Kapellmeiſter zu München, dem ehrwürdigen und anbächtigen Wolfgang Achter, Pfarrer zu Kotalting, 80 fl. auf zwei Tagwerk Angers zu Geyſering dergeſtalt, daß er, Herr Kapellmeiſter, bemelte 2 Tagwerk ſo lange nutze und nieße, bis er benannter Summe wieder bezalt iſt;" und nach dem andern, am 16. März 1591 abgeſchloſſenen, lieh Orlando dem Veit Mayer zu Geyſing 30 fl., wofür letzterer ihm 13 Piſang Ackers im Feld gegen Holzhauſen unter denſelben Bedingungen verſetzte. Somit war Orlando auch in etwas unter die Landwirthe gegangen.

Einen weiteren Beweis ſeiner Anerkennung für Orlando's langjährige und treu geleiſtete Dienſte gab Herzog Wilhelm V. ſeinem bereits die Beſchwerden des Alters herannahen fühlenden Meiſter noch im ſelben Jahre mit einem, vom 6. Dezember 1587 datirten Gnadenbriefe. Inhaltlich deſſelben, (den Muffat im ganzen Wortlaute mittheilt), entließ der Herzog den Orlando des ſtrengen Kapelldienſtes in der Hofkapelle und geſtattete ihm, ſich jährlich eine Zeit lang zu Schöngeiſing an der Amper oder anderswo im Lande ſeinem Belieben nach aufzuhalten, jedoch ſolle er auf des Herzogs Erforderung jederzeit zu erſcheinen ſchuldig ſein. Dagegen hätte er von ſeinem (nunmehr 800 fl. betragenden) Gehalte, mit dem Jahre 1590 angefangen, jährlich 200 fl. fallen zu laſſen. Weiter verſprach ihm der Herzog, ſeinen Sohn Ferdinand, der damals bei dem Grafen Eytel

Friedrich von Zollern in Diensten stand, in seine eigenen Dienste zu nehmen, um in Abwesenheit seines Vaters Orlando und des Unterkapellmeisters Johann a Fossa die Leitung der Hofkapelle zu übernehmen, gegen 200 fl. Gehalt und die Lieferung zu Hof bei einem Offizierstisch, oder das Geld hiefür, wie es derselben Zeit den Offizieren gereicht ward. Für den andern Sohn, Rudolph Lassus, versprach der Herzog in der Weise Sorge zu tragen, daß er denselben, wenn er sich über kurz oder lang mit herzoglicher Genehmigung verheirathen würde, für einen Organisten annehmen und mit 200 fl. jährlich besolden wollte, wogegen Rudolph auch in der Hofkapelle zu singen, die Jungen oder Knaben zu lernen, zu componiren, und was ihm sonst auferlaben würde, zu leisten schuldig sein sollte.

Ueber die Schicksale Orlando's in seinen letzten Lebensjahren gibt ein von Muffat veröffentlichtes Bittgesuch intimen Aufschluß, welches die Wittwe des Meisters ein Jahr nach seinem Tode an den Herzog Wilhelm V. zu richten sich gezwungen sah. Orlando hatte von der ihm im oben erwähnten Gnadenbriefe vom Jahre 1587 gestatteten Muße keinen Gebrauch gemacht, sondern in der Kapelle sowohl, als mit Componiren nur noch fleißiger gedient, indem er sagte: „Weil im got gesundt gebe, kin vnd mig er nit feiren", wie er dann dieselbige Zeit so viel und so anstrengend componirt hat, in der Meinung, sich gegen seinen herzoglichen Gönner dankbar zu erzeigen, weil dieser seinen zwei Söhnen Dienstverschreibungen gegeben, daß eine vollständige geistige Erschöpfung eintrat, und zwar derart, daß, als einmal seine Gattin Regina von Schöngeising nach Hause kam, er sie nicht mehr erkennen, auch mit ihr und mit Niemand mehr reden wollte. Mit „gedriebtem Herzen" klagte solches Regina der Herzogin Maximiliana, welche ihren Bruder, Herzog Wilhelm V., hievon in Kenntniß setzte. Dieser hatte Mitleid mit der Familie und schickte etliche Male den Dr. Thomas Meermann auf Schönberg, seinen Rath und Leibarzt (welcher das Hans Mielich-Haus, Nr. 12 an der Theatiner-Straße, besaß), zu Orlando. Beide Männer hatte schon lange intime Freundschaft mit einander verbunden, und zum Zeichen derselben hatte Orlando gerade in jenem Jahre 1587 dem Dr. Meermann sein Werk: „Madrigali a quatro, cinque e sei voci novamente composti" gewidmet. Obwohl Meermann ihn „mit götlicher hilf nach ötlich tagen wiederumen zu im selber gepracht hat", ist er aber doch nicht mehr wie ehebem recht fröhlich, sondern allzeit still geworden; und hat nun viel von seinem Tode geredet. Da es auch Sorgen um seine und seiner Familie Zukunft waren, welche Orlando's Trübsinn mit veranlaßten und steigerten, so ließ der Herzog durch seine Schwester Maximiliana und durch Dr. Meermann der bekümmerten Familie wiederholt die Versicherung geben, er wolle ihm seine Besoldung nach wie vor ausfolgen lassen, und so lange er diene, dürfe er nichts davon fallen lassen. Trotz dieser fürstlichen Zusicherung fand Orlando's Geist keine Beruhigung, bald ist ihm wieder „ain fanbasey kumen", er wolle seinen Dienst ganz verlassen; der Herzog solle ihm zu den von Albrecht V. ihm verschriebenen 400 fl. nach Belieben noch etwas geben. Und gleich darauf ist er „so seltzam" worden, hat nicht schlafen können, daß seine Gattin in hoher Sorge war, es möchte „die vorig melancolley widerum an in kumen". Durch ihre fürstliche Gönnerin ließ nun Regina Lassin abermals bei deren Bruder anhalten, es möchte der Herzog noch diesmal „seins seltzamen Kopfs, der ja nur durch sein kunst und große arwaibt in so vil fanbasey kum", nicht entgelten, sondern ihm seine Besoldung noch ausfolgen lassen, wie zuvor; denn es wäre sein Tod gewesen, wenn er nicht mehr dienen könnte. Der Herzog, der des Orlando Herz kannte, willigte abermals ein, daß es beim Alten bleiben sollte, ließ aber doch zugleich demselben bedeuten, daß er fernerhin keine solche Bitte mehr annehmen, sondern ein neuerliches Abschiedsgesuch genehmigen würde. Als dann im Jahre 1592, durch die Klagen der Landstände veranlaßt, Ersparungen und Personalminderungen bei Hof und so auch bei der herzoglichen Hofkapelle vorgenommen wurden, und deßhalb Orlando sammt anderen Mitgliedern der Hofkapelle auf die herzogliche Kammer berufen wurde, da eröffnete ihm der Kammerpräsident: „Euere Besoldung ist 800 fl.; ein Kleid (d. i. Hofkleid oder jetzige Uniform) ist Ihm jedoch nicht benennt (= bewilligt) worden." Der Herzog bewilligte ihm jedoch nachträglich ein Hofkleid oder als Ersatz hiefür 40 fl. jährlich. Da nun aber doch gestrichen sein mußte, so ward ihm wenigstens das Futter für ein Roß „abgeschafft". In dem von Muffat publizirten „Personal- und Besoldungsstatus der Hofkapelle bei deren Reduktion im Jahre 1592" erscheinen nun folgende Vorträge: „Orlando für alles, dabei das Khlaibt, und was Ime sonst neulich daussen angeschafft, 800 fl. — Vier Tenoristen: . . . 4) Ferdinand Lasso für alles 240 fl.; Rudolph (Lasso) für

alles 240 fl." Im nächsten Jahre 1593 erscheint auch noch ein Erneft
de Laſſo unter den Inſtrumentaliſten der herzoglichen Hofcapelle. Nachdem alſo Orlando der ſeine Seele umnachtenden Sorgen um ſeine und
ſeiner Familie Zukunft in der Hauptſache ledig war, ſcheint er auch
ſeine frühere Schaffensfreudigkeit wieder gewonnen zu haben; denn noch
am 24. Mai 1594 widmete er dem Papſt Clemens VIII. ein von ihm
componirtes Werk: „Lagrime di San Pietro", in deſſen Dedication er
u. A. ſagte: „con ogni riverenza maggiore a. V. Sta. mando et
dedico le lagrime di San Pietro, rime composte un tempo fa dal
Signor Luigi Tansillo, e da me per mia particolare deuotione in
questa mia hormai graue età vertite di armonia. . . ." Dies ſchon
„in ſchweren Leidenstagen" componirte Werk, es war wohl zugleich des
Meiſters Schwanengeſang; zwanzig Tage ſpäter hatte ſich dieſer gott-
begnadete Genius der Tonkunſt zu jenen von himmliſchen Harmonien
erfüllten Sphären emporgeſchwungen. Im Vorgefühl ſeines nahen Todes
hatte er „zu ſeinem und ſeiner Erben und Nachkommen immerwährenden
Gedächtniß, Troſt und Heil der Seelen" für jeden Armen im heiligen
Geiſt-Spitale zu München jedes Jahr, beſonders auf den Sonntag nach
Michaelis, eine ewige Spende und in dem Filial-Gotteshauſe zu St. Johann
Baptiſt in (Schön-) Geiſing einen ewigen Jahrtag und zwei Meſſen ge-
ſtiftet. „Heutigen Tages (Suntag kirchtag bey dem Spital) würdet",
ſo lautet der Eintrag in dem oben bereits erwähnten „Buch der Mahl-
zeiten des Hl. Geiſtſpitals", „des Hrn. Orlandus de lasso geweſſten
frſtl. Capelmeiſters ſeligen geſtifften Spenndt aufgetheilt, yedem Armen
im Spitall 1 Kreuzer, deroſelben ehehalten im Spital auch 1 Kreuzer,
den khündern of der khindſtuben aber yedem ½ Kreuzer."

Am St. Veits-Abend, einem Freitag, den 14. Juni 1594, endete
dieſes, ebenſo an Wirken wie an Erfolgen, Ruhm und Ehren reiche
Künſtler-Erdenwallen. Wie über das Geburtsjahr ſo waren bisher un-
begreiflicher Weiſe auch über Todestag und Todesjahr Orlando's nicht
bloß in älteren, ſondern auch in allerneueſten Werken und ſogar auf zu
ſeinen Ehren geprägten Medaillen und in Kupfer geſtochenen Portraits
desſelben unrichtige Angaben verbreitet. Sagt doch noch Maillinger in
dem 1876 gedruckten dritten Bande des Kataloges zu ſeiner nun im Be-
ſitze der Stadt München befindlichen Sammlung: „Es liegen uns Angaben fünf verſchiedener Schriftſteller vor, welche alle von einander bezüg-

lich des Todesjahres abweichen und zwischen 1594, 95 und 96 schwanken. Nach Erwägung aller Umstände halten wir die Angabe des hiesigen Magistrats auf der Gedenktafel am Platzl — den 3. Juni 1594 — womit auch Rudhart übereinstimmt, für das wahrscheinlich Richtige." Von einem „3. Juni" steht aber auf erwähnter Gedenktafel gar nichts zu lesen!

Allen diesen Schriftstellern und Künstlern ꝛc. ist es offenbar entgangen, daß Lorenz Westenrieder schon im Jahre 1790, als er den dritten Band seiner „Beiträge zur vaterländischen Historie ꝛc." drucken ließ, auf Seite 112 daselbst folgende historische Notiz brachte: „1594... Item Orlando de lasso, der kunstreich und hochberühmt Capellmaister im Pfingsten Quartal gestorben ist."

Und Mussat in seiner vielfach erwähnten und benützten Lebensskizze des Meisters publizirte im Jahre 1853 folgende Abrechnung der fürstlichen Hofkammer über Orlando di Lasso's Geldbezüge bis zu seinem Tode:

„Orlando di Lasso, gewester fstl. Capelmeister, hat sich verobligiert, vermög einer verschreybung, wegen enthebung etlicher seiner müheligen dienst, Jerlich ann seiner Besoldung fallen zu lassen 200 fl.

Und weil mit solchen von Primo Jener Anno 90 angefachen, so tut dieselb Pro Ratta bis 14. Juni Anno 94, da er gestorben, so er gut zu thuen hatt . . . . fl. 891.40

Hergegen hatt er Lasso seliger
An seiner Besoldung, noch Einzenemen bis zu seinem Absterben . . . . fl. 184.—

Rest. er Lasso noch fl. 707.40

Ferdinandt Lasso hat Jerlich . . . . fl. 300.—
und steet Jme an seiner Besoldung bis zue beschlus O. Basten bis Jars . . . . fl. 145.—

Ruedolph Lasso hatt Jerlich . . . . fl. 240.—
steet Jme das O. Basten bis Jars zue zallen Aus . . fl. 60.—"

Diese Abrechnung der fürstlichen Hofkammer, welche dem großen Todten die ihn noch treffenden Bezüge bis zu seinem letzten Athemzuge ausgerechnet hat, läßt keinen Zweifel mehr darüber aufkommen, daß der 14. Juni 1594 der wahre Todestag Orlando's gewesen.

Wenige Tage darauf trug man ihn auf dem Freithofe des Franziskanerklosters (welches da gestanden, wo jetzt der Max Joseph-Platz sich ausdehnt) zu Grabe. — —

Was dieser berühmteste Meister der Töne des sechzehnten Jahrhunderts seinen Zeitgenossen gewesen, ward von diesen selbst im reichsten Maße anerkannt, sind ihm doch vom Papste, vom römischen Kaiser und von Königen und von seinen eigenen Landesfürsten die größten Ehren und Auszeichnungen erwiesen worden und ward der über ganz Europa verbreitete Ruhm Orlando's in zahlreichen enthusiastischen Lobgedichten gepriesen, von denen eine Anzahl Dehn und Delmotte abgedruckt haben. Auch im Bildniß war derselbe, und zwar auch schon bei Lebzeiten, verewigt worden. So zählt Drugulins Allgemeiner Portraitkatalog (Leipzig 1860) allein fünf Stiche von Orlando's Portrait aus dem sechzehnten Jahrhundert auf, darunter insbesondere auch jenen des berühmten bayerischen Kupferstechers Johann Sadeler aus dem Jahre 1593, welchen auch das Historische Stadtmuseum Münchens, bezw. die Maillinger-Sammlung, zu ihren Beständen zählt und welcher vielleicht mit eine Ursache zu der bisherigen irrigen Angabe seines Todesjahres gewesen. Dieser Stich enthält oberhalb des Brustbildes die Worte: „Pour repos travail", unterhalb den Eingangs schon citirten Vers:

„Hic ille Orlandus qui lassum recreat orbem,
Discordemque sua copulat harmonia"

und darunter die Widmung:

„Nobili et eximio viro Domino Orlando de Lassus, Sereniss[mi] Utriusque Bavariae Dvcis Gvilielmi Musici Chori Prefecto Johannes Sadeler eiusdem Principis chalcographus obseruat: ergo scalpsit et dedicavit Monachij cum privilegio Sac: Caes. M.

In dem Felde mit dem Bildniß selbst aber steht rechts: „Aet. suae LXI", und links: „AN° DNO (!) 1593."

Nach diesem wäre also Orlando im Jahre 1593 erst 61 Jahre alt und somit erst im Jahre 1532 (nicht 1520) geboren gewesen. Dann wäre der Meister aber auch bei seinem Tode erst in einem Alter von 62 Jahren gestanden, in welchem sicherlich noch keine solchen Zustände von geistiger und körperlicher Erschöpfung eingetreten wären, wie sie nach dem Obigen Orlando in seinen letzten Lebensjahren durchzumachen hatte. Es dürfte also die Annahme gerechtfertigt sein, daß Sadeler entweder sich bezüglich des Geburtsjahres Orlando's in einem Irrthum befunden, oder daß er seinen Stich nach einem ihm vorgelegenen früheren

Portrait Orlando's gefertigt hat, welches den Meister eben in seinem 61. Lebensjahre dargestellt hat.

Für ein höheres Lebensalter Orlando's dürfte aber auch die Alles sonst Dagewesene übersteigende Riesenzahl der Werke, die er geschaffen und als bleibendes Denkmal seines geradezu unerschöpflichen Genies hinterlassen, sprechen. Beträgt dieselbe doch über zweitausend! Schmiedhammer, der ein Generalverzeichniß sämmtlicher Compositionen aufgenommen hat, zählt folgende auf:

1) Musica sacra: Alma redemptoris 2; Antiphon et responsoria 1; Asperges me 4; Ave Regina 6; Benedictus 3; Cantiones sacrae latinae et germanicae 429; Domine ad adjuvandum 2; Hymnen 34; Introitus 1; Lamentationes 13; Litaneien 19; Magnificat 180; Miserere 1; Missae 51; Requiem 2; Motetten 780; Nunc dimittis 12; Officia propria 5; Passionen 2; Psalmen 2; Psalmi poenitentiales 7; Regina coeli 6; Responsorium 1; Salve Regina 8; Vidi aquam 1; zusammen 1572.

2) Musica profana: Cantat. et dialogi 7; Cantiones latinae 24; Canzonette 59; Chansons 371; Madrigali 233; Chansons allemandes 61; zusammen 765, also im Ganzen 2337 Tonwerke!

Ein Genius aber, der nicht bloß so viel und so Großartiges an Zahl, sondern auch an innerem Gehalt und Werth geschaffen, er verdiente es darum im vollsten Maße, wenn ihm auf das Denkmal, das über seinem Grabe auf dem Franziskaner-Freithof sich erhob, geschrieben ward:

ORLANDI CINERES, EHEV! MODO DVLCE LOQVENTES
NVNC MVTOS, EHEV! FLEBILIS VRNA PREMIT.
LASSÆ SVNT FLEÑDO CHARITES TVA FVNERA LASSE,
PRINCIPIBVS MVLTVM, CHAREQVE CÆSARIBVS.
BELGICA, QVEM TELLVS GENITRIX DEDIT INGENIORVM,
INGENIORVM ALTRIX BOICA FOVIT HVMVS.
CORPORIS EXVVIAS EADEM QVOQVE BOIA TEXIT,
POST LVSTRA AC HYEMES SENA BIS ACTA DVAS.
ROBORA SAXA, FERAS ORPHEVS, AT HIC ORPHEA TRAXIT,
HARMONIÆQVE DVCES PERCVLIT HARMONIA.
NVNC QVIA COMPLEVIT TOTVM CONCENTIBVS ORBEM,
VICTOR CVM SVPERIS CERTAT APVD SVPEROS.

Grabmal des Orlando di Lasso und seiner Ehegattin Regina Weckinger auf dem vormaligen Franziskaner-Freithofe zu München.

Was nun das Denkmal Orlando's betrifft, welches Regina be Lasso ihrem verstorbenen Gatten aus Marmor über seiner Gruft setzen ließ, so zeigt dasselbe in der Mitte seines oberen Theiles die Darstellung der Grablegung Christi mit der Jahrzahl MDXCV an der Langseite des Steinsarkophags, in welchen der Leichnam Christi eben gelegt wird. Zu beiden Seiten dieser biblischen Darstellung sind Tafeln angebracht, in welchen die obige Inschrift, je drei Disticha mit gebrochenen Zeilen auf jeder Seite, eingegraben ist. In der Mitte der unteren Langhälfte befinden sich die zwei vollständigen Wappen von Orlando und Regina di Lasso, zu beiden Seiten knien, und zwar rechts die männlichen Familienmitglieder, zehn an der Zahl, links die weiblichen, acht an der Zahl, von denen das vorderste ein Wickelkind, des zweite nebendran einen Wappenschild mit einem Allianzwappen, wovon das eine das Lassoische vor sich hat.

Ueber zweihundert Jahre schmückte dieser Denkstein Orlando's Grab; als aber das Franziskanerkloster in Folge der Säcularisation aufgehoben und sammt seiner Kirche zu Anfang dieses Jahrhunderts abgebrochen und der dortige Freithof 1802 cassirt wurde, da rettete der Hofschauspiel-Director Heigel das Epitaphium des einst so hoch gefeierten Meisters vor dem Untergang, indem er es erwarb und in seinem Garten aufstellen ließ, welcher nächst dem Rockerl und gegenüber dem Löwenstall, also an der heutigen Piloty-Straße, gelegen war. Als dann später König Ludwig I. von der Existenz dieses Denkmals erfahren, ließ er es in den Garten des alten Akademiegebäudes an der Neuhauser-Straße versetzen, von wo es nach Errichtung des königlich bayerischen Nationalmuseums in dessen Garten übertragen wurde, zu dessen werthvollsten historischen Beständen es nunmehr zu zählen ist.

Als Orlando's sanges- und liederreicher Mund sich für immer im Tode geschlossen, da verhüllten nicht bloß die Musen in Trauer ihr Haupt, — an seinem Sarg standen in namenlosem Schmerz um den Hingang eines so treubesorgten Gatten und Vaters auch eine Wittwe und Söhne und Töchter, deren fernere Schicksale nunmehr auf Grund neuester Forschung in den Kreis dieser Betrachtung gezogen werden sollen.

Zunächst hatte, wie bereits angedeutet, die Wittwe einen harten Kampf mit der fürstlichen Hofkammer zu bestehen. Diese wollte auf Grund der oben erwähnten Verschreibung Herzog Wilhelms vom 6. Dez. 1587 eine Summe von 701 fl. 40 kr. der Wittwe und ihren Kindern vorenthalten, weil Orlando solche zu viel eingenommen haben sollte, indem er seinen vollen Gehalt von 800 fl. jährlich bis zu seinem Tode bezogen. Dazu war aber Orlando auch vollkommen berechtigt gewesen, indem ihm der Herzog, wie oben geschildert worden, nicht bloß während seiner Krankheit durch die Prinzessin Maximiliana und den Dr. Meermann die Versicherung hatte geben lassen, daß Orlando an seinem Gehalt nichts verlieren sollte, und indem auch im Jahre 1592 der Hofkammerpräsident ausdrücklich dem Lasso versichert hatte, daß sein Gehalt neuerdings auf 800 Gulden festgesetzt sei. Da wendete sich Regina di Lassin mit einem ausführlichen Bittgesuch, worin sie sich als „ain pekumerbe wittib" unterschrieb, im Jahre 1595 an den Herzog, um demselben ihre Verhältnisse und das Ungerechte dieses Verfahrens der Hofkammer zu schildern und Abhülfe zu erbitten. „Aus gedrungener noth", sagt sie im Eingang dieses, von Mussat seinem ganzen Wortlaut nach mitgetheilten Gesuchs, „kann ich nit vmb gen, E. F. Dl. vnterthenigist zu klagen, was mir von E. F. Dl. kamer vir ain vnverhofter peschaidt auf mein vilfeltigs an halten ist er volgt; nemlich ist man meinem man seligen an seinem gehabten Dienst gelt schultig ain gwarhall und vir meines pueben Ernsts stipendium finfzig gulten, die E. F. Dl. vns gnedigist haben pewilligt. Tisse finfzig Gulten sein verfallen bis laufent neu jar; so haben E. F. Dl. mir verlasnen wittib jerlich provision verschriben hundert gulten; davon sein dren gwarball verlosen, buet finf vnd sibentzig gulten. mer zechen gulten Ewing gelt auf dem Hauß, so schwartzendorffer ist ein geanbworbt, ist auf michely verschinen verfallen, drift mein aufstand in allen dreuhundert sinf vnd dreissig gulten. auch ist man meinem sun ferdinandt dienst gelt schultig hundert vnd finf vnd finfzig gulten. so hat man mir vnnd meinem sun durch den Zoll gegen schreiber lassen sagen: es sey im vnd mir bis gelt verarestirbt, pis ich den Rest auch erlög, den mein man seliger hab ein genumen nach laut seiner verschreibung." Im weiteren Verlaufe ihres Gesuchs kommt dann Regina Lassin ausführlich auf die Schicksale ihres Mannes in seinen letzten Lebensjahren zu sprechen, wie sie oben bereits geschildert wurden, und fährt dann in ihrer schlichten treuherzigen Weise fort:

„E. F. Dl. wirb got gnebig zu erkenen geben, wie schwerlich es mir vnd meinen armen kindern würde fallen, wan mir sollen zalen, was mein man seliger, auch mir nit gebacht hetten schulbig zu sein. er, mein man seliger sols gleichwol an E. F. Dl. pegert haben, das bis schreiben wer veräubert worben, hof aber, E. F. Dl. werden vns sein iber sechen nit lassen entgelten, ban got wais, das ich zuuor gnueg zu schaffen hab, das ich iberal hilf, das mir an schult kundten lewen, sunberlich get mir bis jar gar vil auf, pis ich im, wie Recht ist, sein grebnus vnd jartag peftöll. got wais, das er gar oft zu mir hat gesagt: er dankhe got, das seine sin so vil haben gelernt, das sy E. F. Dl. kinen bienen, vnd das er verhof, in der gnabt gottes zu sterben, vnd mir, oder seinen kindern, kain schult verlas. wir werben benet, one in zu löwen, noch genug zu schaffen haben. Er wisse aber wol, E. F. Dl. werbe vns nit verlassen, das sin seine wort. pin brestlicher hofnung, E. F. Dl. werben sy gnebigist erinern, auch ernatung meiner zeugen, als ir f. bl. Herzogin marambyliana, vnd her bokhter merman — ben mein man seliger vir al an E. F. Dl. hof geliebt hat, — nemen. got vnd mein gwisn zeugen, das ich die warheit E. F. Dl. zue schreib. wolt lieber petln gen, als wiber got vnd mein gwisn handlen. ich pevilche mich vnd meine kinder got vnd E. F. Dl. in gnebigisten schutz vnd schirm; verhoffe auch, E. F. Dl. werben mir nit allein biser meiner schweren purbt ab helffen, sunder mir gnebigiste virpitt bey benen von minichen mit baillen, damit sy mich wie andere verstorbnea hofgesinbts wittib pey gmainer slat vmb ainen leibenlichen peyfitz die vileicht kurtzen mein lewzeit an vernen eintrag laßen zue pringen. Diße vnd alle Empfangene gnaden wirbt got E. F. Dl. sambt derselben frau gemachel vnd jungen herschafft daussentseitig pezallen. Darumen wollen mir, wie mir schuldig sein, got unaufherlig treulich pitten."

Aus dieser Supplik geht u. A. hervor, daß Orlando's „grebnus", b. i. Grabdenkmal, im Sterbejahre 1594 jedenfalls noch nicht vollendet, sondern warscheinlich erst im Jahre 1595 zur Aufstellung gebracht worden ist, worauf die an demselben angebrachte Jahrzahl alsdann zu beziehen ist. Den Jahrtag stiftete Regina be Lasso am 1. Juni 1596 in die Franziskanerklosterkirche, jährlich vor oder nach dem St. Veitstage (15. Juni) mit einer Vigilie und gesungenem Seelenamte zu halten. „Ich wüßte nicht zu sagen", äußert sich Anton Mayer in seiner Beschreibung der Domkirche zu U. L. Frau, „ob und wo er (dieser ewige Jahrtag) mehr gehalten werde, denn das uralte Kloster sank ja in Staub, und, was der fromme Orlando wohl nie geahnt, seine Asche ruht jetzt in der Nähe des Theaters!"

Orlando's Worte: „Er hoffe zwar, seiner Familie keine Schulden zu hinterlassen, diese werde aber gleichwohl, wenn er nicht mehr am Leben, genug zu schaffen haben", waren nur zu wahr gesprochen, wie dies schon aus dem vorher Erzählten von dem Kampf seiner Wittwe mit der herzoglichen Hofkammer ersichtlich. Es geht solches aber noch aus verschiedenen Einträgen in den Rathsprotokollen der Stadt München hervor. So hatte sie Differenzen wegen ihres Gartens und des Eingangs dazu, weßhalb vom Rath in der Session vom 24. Mai 1596 eigene Kommissarien abgeordnet worden sind; in der Rathssitzung vom 4. Juni 1599 wurde ihr Begehren vorgetragen, ihr die Arrestirung von 10 fl. Ewiggeld zu relaxiren, wogegen sie die Steuer hieraus bezahlen wolle. Daraufhin erging der Rathsbescheid, daß das Ewiggeld relaxirt werden solle, wenn sie sich des Bürgerrechts oder Beisitzes halber bei den Herren Kommissarien melden, darum abkommen und die ausständigen Steuern bezahlen wollte. Gleich in der nächsten Rathssitzung vom 9. Juni 1599 ward ihre Beschwerde vorgetragen, daß die Steuerherren von ihr die Steuern von Gülten begehrten und einfordern wollten, die doch „ad pias caussas" verschafft worden wären.

Nicht zu lange mehr hatte Regina bi Lasso die Mühseligkeiten und trüben Erfahrungen des Wittwenstandes zu tragen. Sie starb am 5. Juni des nächstfolgenden Jahres 1600 und ward neben ihrem Gatten begraben. Da von Amtswegen sofort die „Verpetschirung" ihres Nachlasses angeordnet worden war, wendeten sich die beiden Söhne Ferdinand und Rudolph mit der Bitte an den Rath, solche zu unterlassen, da die Herzogin Maximiliana „den abwesenden Sohn" selber vertreten wolle. In der Sitzung vom 9. Juni 1600, in welcher durch den Unterrichter dies Petitum vorgetragen wurde, ward verbeschieden: Weil ein lediger Sohn vorhanden, so unter der bürgerlichen Jurisdiction steht, könne man die Bitte nicht bewilligen; die Verpetschirung geschehe aus keiner andern Ursache wegen, als die wohlhergebrachte Jurisdiction zu üben, und dem abwesenden Sohn, „als der nit nach dem bösten hausen thue", könnte derowegen ein Ehrsamer Rath dies nicht also nachsehen; doch solle man den Herrn Bürgermeister Ligsalz noch hören. Da ward der Unterrichter zu diesem geschickt, seine Meinung anzuhören, welche dahin ging, man solle das Begehren nicht bewilligen, sondern, wenn darauf beharrt werden wollte, eine Abordnung an Se. Durchlaucht senden und den Herzog an die Freiheiten der Stadt erinnern. In Senatu wurde alsdann das Conclusum gefällt: Für den Fall, daß die Herzogin Maximiliana noch ob dieser ihrer Meinung beharren würde, dann sollte man bei ihr selbst eines Ehrsamen Rathes Entscheidung mit dem Vermelden anbringen, daß, wenn sie ihre Meinung behaupten wollte, man solches an den Landesfürsten selber bringen müßte. Fünf Tage später, am 14. Juni 1600, ward dann in der Rathssitzung ein fürstlicher Befehl verlesen, wonach Bericht abgefordert und Stillstand auferlegt wurde. Der Beschluß hierauf lautete, daß man den Bürgermeister Ligsalz erst hören und dann Bericht erstatten sollte. In der Rathssitzung vom 12. September 1601 wurde dann die Anzeige der „Orlandischen" bekannt gegeben, „daß ihr Bruder in Oesterreich gestorben sei".

Fünf Wochen später, am 20. Oktober 1601, verkauften — inhaltlich des im k. Reichsarchiv im Original vorhandenen Kaufbriefes und der Einträge im Stadtgrundbuche — Ferdinand und Rudolph de Lasso, Gebrüder, Herzog Maximilians in Bayern Hofmusici, und Ernst Harlander, Bürger zu München, als Gewalthaber der beiden Schwestern derselben, Anna Mundtprottin und Regina v. Ach, wie ihre verstorbene Mutter Regina de Lassoin noch bei Lebzeiten 1599 bereits beschlossen, aber nicht endgültig ausgeführt hat — an Martin Haimbl, Herzog

Maximilians Hofrath, und Anna, dessen eheliche Hausfrau, ihrer Mutter Behausung, Hofstatt und Garten in U. Frauen Pfarr in der Graggenau, zwischen Mathäusen Wilepachers und Christoffen Geigers Häusern, um 2600 fl. Rheinisch. Martin Haimbl hatte sich, wie ein Eintrag im Grundbuche darthut, allerdings schon im Jahre 1599 als Hauseigenthümer gerirt, indem er am 21. Dezember 1599 aus diesem Hause bereits 3 fl. Ewiggeld zur Kaiser Ludwigs-Messe in der fürstlichen Kapelle der Neuen Veste verkauft hat.

Es war dies jenes der beiden Orlando-Häuser, welches der Meister im Jahre 1567 von der Goldschmiedswittib Stainin um 1535 fl. erkauft und zu seinem Wohnhaus eingerichtet hatte, und das sein Sterbehaus geworden ist. Orlando hatte für dasselbe und das 1581 weiter angekaufte Eckhaus in den Jahren 1583—1588 jährlich 4 fl., seit 1589 3 fl. Stadtsteuer zu entrichten. Von 1594—1598 führen die Steuerbücher „Frau Orlandin" als Besitzerin der beiden Häuser, von 1599 an dieselbe nur als Besitzerin des zweiten, Eckhauses auf, während Martin Haimbl in jenem Jahre dortselbst bereits als Eigenthümer des ersten Orlando-Hauses erscheint, womit die Angabe im oben erwähnten Kaufbriefe übereinstimmt. Nicht unbemerkt darf hier gelassen werden, daß das Steuerbuch von 1591 als Inwohner der zweiten Orlando-Behausung am Ed der Graggenau: „Johann de Lasso und Ferdinand de Lasso, beide fürstl. Hofgesind", aufführt und daß in den Steuerbüchern von 1592 bis 1599 Johann de Lasso, fürstl. Tenorist, allein noch als solcher erscheint. —

Aus den oben besprochenen Verhandlungen vor dem Rathe der Stadt München im Zusammenhalte mit der Kaufsurkunde vom 20. Okt. 1601 ergibt sich zunächst, daß damals jedenfalls folgende 4 Kinder Orlando's: Ferdinand, Rudolf, Anna und Regina am Leben waren, und daß ein dritter „lediger" Sohn, der in Oesterreich abwesend gewesene, „der nit nach dem Bösten hausen that", kurz vorher mit Tod abgegangen war. Nach Bäumker soll Orlando außer den zwei Töchtern Anna und Regina vier Söhne, Ferdinand, Rudolf, Johannes und Ernst, nach Lipowski ebenfalls vier Söhne, Ferdinand, Rudolf, Johann und Wilhelm, hinterlassen haben. Aus den bisher erbrachten urkundlichen Belegstellen ergibt sich, daß die Existenz von fünf Kindern: Ferdinand, Rudolf, Ernst, Anna und Regina nachgewiesen ist, und wird von jedem derselben nachgehends noch ausführlicher gehandelt werden. Was aber die Existenz zunächst eines sechsten Kindes, beziehungsweise vierten Sohnes, betrifft, so gehen die Angaben obiger Autoren bezüglich des Namens desselben auseinander, indem derselbe nach Lipowski "Wilhelm", nach Bäumker "Johann" geheißen haben soll. Von jenem vierten Sohne "Wilhelm" sagt Lipowski, "daß er bayerischer Mauthner zu Regensburg geworden war und seinen Stamm fortgesetzt habe". Wie später dargethan werden wird, hat wohl ein Enkel Orlando's, Namens Wilhelm, dessen Stamm fortgepflanzt, was aber von dem besagten Mauthner Wilhelm nicht nachgewiesen zu werden vermochte, und dürfte somit nach dieser Richtung hin wohl eine Verwechslung vorliegen.

Um bei "Wilhelm de Lasso" zu bleiben, so finden sich in den Trauungsbüchern der St. Peterspfarrei folgende zwei Trauungen eingetragen: Unterm 29. August 1610: Nobilis Dominus Guilielmus de Lassus, Maria Catharina Gottfridtin; dann unterm 22. September 1636: Sponsus: Nobilis et Excelsissimus Dominus Ferdinandus Reindl, J. U. D. Excelsi Regiminis Straubing: Consiliarius uti Ducalis Neoburgensis et Hohenzollern: Consiliarius. Sponsa: Nobilis Domina Maria de Lassin, vidua, Nobilis Domini Wilhelmi de Lasso, Electoralis Judicij provinc: in Reispach et vectigalium Praefecti Ratisbon: Parentes Sponsae: Nobilis et Clararissimus Dominus Wilhelmus Klein (?), J. U. Doctor, Electoralis Aulici Judicij hic Advocatus. Domina Elisabetha, Uxor sua."

Aus diesen beiden Pfarrbuchseinträgen dürfte sich nun ergeben: einmal, daß der im Jahr 1610 getraute Wilhelm de Lassus damals mindestens schon majorenn gewesen, folglich vor 1588 (also zwischen 1559 und 1588) geboren worden sein muß; ferner, daß dieser Wilhelm und der im zweiten Vortrag erwähnte ein und dieselbe Persönlichkeit darstellen dürften, und daß mehrbesagter Wilhelm folglich zweimal vermählt war, einmal mit einer Maria Katharina Gottfridtin und das zweite Mal mit einer Hofgerichtsabvolatenstochter Maria Klein, wie wohl deren Vatersname im Traubuche zu entziffern sein wird. Wie nun aus

Deutingers Matrikeln Bd. I. S. 368, dann aus der Diözesanbeschreibung von Anton Mayer, fortgesetzt von Georg Westermayer Bd. II. S. 268/69, und aus Geiß, Geschichte der St. Peterspfarrei S. 217 hervorgeht, hat die Herzogin Maria Maximiliana, die treue Gönnerin der Familie de Lasso, am 2. Juni 1613 für ihre „getreue" Maria Katharina de Lasso, geborene Gottfrid selig, und deren damals noch lebenden Mann Wilhelm de Lasso auf St. Walpurgis-Altar in der St. Peterspfarrkirche eine Wochenmesse und vier Jahrtage mit einem Capital von 1000 fl. gestiftet. Ueber diese Stiftung äußert sich Mayer l. c. in einer Anmerkung u. A. folgendermaßen: „Ich weiß nicht, warum Geiß die Namen ‚Philipp' Lasso statt ‚Wilhelm', und ‚geb.: Fried' statt ‚Gotfrid' angibt, da doch die Schmid'sche amtliche Matrikel Beide genau benennt. Dieser Wilhelm de Lasso ist wahrscheinlich der vierte Sohn Orlando di Lasso's, der einzige, welcher die musikalische Laufbahn verließ und Mauthner zu Regensburg wurde." Ein Pfarrmatrikel-Nachweis darüber, daß dieser Wilhelm ein Sohn Orlando's gewesen, läßt sich nicht auffinden, doch spricht die Wahrscheinlichkeit dafür, und erscheint auch die Annahme ausgeschlossen, daß derselbe etwa identisch mit dem gleichnamigen Enkel Orlando's (einem Sohne des Ferdinand und der Judith de Lasso) sei, dessen Gemahlin Margaretha Jacobea geheißen, und die, wie später dargethan wird, — in der Zeit von 1610—1627 zehn Kinder ihrem Manne Wilhelm de Lasso geboren hat.

Von „Johann" sagt Lipowski: „Er erhielt am herzoglichen Hofe zu München als Altist und Hofmusiker eine Anstellung und diente schon 1570 unter Herzog Albert V." Bäumker führt den Johann unter den Söhnen Orlando's an dritter Stelle auf, wonach also Ferdinand und Rudolf früher geborene ältere Brüder dieses Johann gewesen wären. Im Verlaufe der bisherigen Darstellung ist nun allerdings zweimal ein Johann di Lasuß oder de Lasso in die Erscheinung getreten; im Jahre 1569 nach der Hofzahlamts-Rechnung als „Altist der herzogl. Hofkapelle, bezahlt mit 144 fl." und dann nach den Steuerbüchern von 1591—1600 als „fstl. Hofgesind", nach dem Steuerbuche von 1598 insbesondere als „fstl. Tenorist" zu den Inwohnern der zweiten Orlandi-Behausung in der Graggenau zählend. Dagegen wird weder in dem von Muffat mitgetheilten Personalstatus der herzoglichen Hofkapelle vom Jahre 1592, noch in dem von Lipowsky mitgetheilten Mitglieder-Verzeichniß der genannten Kapelle vom Jahre 1593, insbesondere aber auch nicht in dem herzoglichen Gnadenbrief vom Jahre 1587, in der Hofkammer-Abrechnung und der Bittschrift der Regina be Lasso vom Jahre 1595, den Verhandlungen des Raths vom Jahre 1600 und der Verkaufsurkunde der Orlandischen Erben vom Jahre 1601 ein Johann de Lasso erwähnt. Die Annahme, daß der im Jahre 1569 als Altist der herzoglichen Hofkapelle mit 144 fl. besoldete Johann ein Sohn Orlando's gewesen, erscheint aber nur dann begründet, wenn man denselben als in den Jahren 1559 oder 1560 geboren sein und damit als Orlando's Erstgeborenen gelten läßt. Denn wäre er nach 1562, in welchem Jahre Ferdinand geboren worden sein soll, zur Welt gekommen, etwa 1563 oder 1564, dann wäre er 1569 ja erst ein Kind von 6, bezw. 5 Jahren gewesen, in welchem Alter er doch nicht schon die Stelle eines „herzogl. Altisten" mit 144 fl. Jahressold hätte bekleiden können. Wenn auch keinen vollgültigen, so doch einen Wahrscheinlichkeitsbeweis für die Richtigkeit der Annahme, daß Johann der Erstgeborene gewesen, liefert der mehrerwähnte Eintrag im Steuerbuch von 1591, worin

Johann de Lasso, fürstliches Hofgesind,
Ferdinand de Lasso, fürstliches Hofgesind,

in dieser Reihenfolge, also Johann vor Ferdinand, als Inwohner der zweiten Orlandi-Behausung aufgeführt sind. Ein vollkommener urkundlicher Nachweis darüber, daß Johann der erstgeborene Sohn, oder daß er überhaupt ein Sohn des Orlando gewesen, wird sich allerdings schwerlich mehr erbringen lassen, nachdem Pfarrmatrikeln aus der zweiten Hälfte des 16. Jahrhunderts bei der Pfarrei zu U. L. Frau in München, zu deren Parochianen Orlando gehörte, nicht existiren. Es ist aber auch die Möglichkeit nicht ausgeschlossen, daß dieser Johann ein Bruder oder sonstiger Verwandter Orlando's gewesen. —

Dagegen bildet einen urkundlichen Nachweis für die Existenz des von Bäumker an vierter Stelle genannten Sohnes Orlando's, des „Ernst" de Lasso, welcher nach Lipowsky im Jahre 1593 Instrumentalist in der herzoglichen Hofkapelle gewesen sein soll, das mehrerwähnte Bittgesuch seiner Mutter Regina vom Jahre 1595, worin sie schreibt, daß man ihr für ihres „pueben Ernsts" Stipendium noch 50 fl. schuldig sei.

Von den beiden Genannten, Johann und Ernst, muß einer bereits im Jahre 1600 gestorben gewesen, der andere 1601 mit Tod abgegangen sein. Dies ergibt sich aus den beim Rath im Jahre 1600 und 1601 geführten Verhandlungen, wo nur mehr von einem dritten ledigen Sohne Orlando's die Rede ist, welcher „nicht zum Besten hauste" und 1601 in Oesterreich verstarb. Dies ergibt sich ferner aus der oben erwähnten Verkaufsurkunde des Orlando-Hauses vom 20. Oktober 1601, in welcher nur mehr vier Kinder, Ferdinand, Rudolf, Anna und Regina handelnd auftreten. Auch das wird sich wohl schwerlich mehr constatiren lassen, ob Johann oder Ernst früher gestorben, und welcher von Beiden es gewesen, der während der Verlassenschafts-Verhandlungen seiner Mutter in Oesterreich abwesend war und „nicht zum Besten hauste". Wenn aber auch Johann als ein Sohn Orlando's anerkannt wird, dann hat derselbe nicht sechs, sondern sieben Kinder, fünf Söhne und zwei Töchter, hinterlassen. —

Was nun die übrigen Kinder Orlando's betrifft, von welchen, wie von deren Schicksalen und Nachkommen, im Nachstehenden berichtet werden soll, so erscheint die ältere der beiden Töchter, Anna, verehelichte Mundprobtin, welche schon in der Kaufsurkunde vom 20. Oktober 1601 erwähnt ward, nochmals handelnd im Jahre 1614, und zwar in dem Stiftsbriefe vom 18. September jenes Jahres, inhaltlich dessen: „Rudolph de Lasso, fstl. Dl. in Bayern bestellter Componist und Hoforganist, Anna Mundprobtin, geborene de Lasso, Regina von Ach, Judith de Lasso, geborene Schläglin, Ferdinandi de Lasso, fstl. Dchl. in Bayern gewesten Kapellmeisters seel. nachgelassene Wittib ihrer lieben Eltern, Schwäher und Schwiger seeligen, als Orlandi de Lasso, höchstermelt ihrer fstl. Dl. gewesten obristen Kapellmeisters, Regina, seiner gehabten Hausfrauen, geborene Wäckhingerin, beeder seeliger, bei St. Johanns des Täufers Gotteshaus zu Geising gestifteten ewigen Jahrtag vollführen, und darum den Kirchpröpsten 80 fl. baar Geld einantworten." Dieser Jahrtag sollte jährlich um Georgi mit einem gesungenen Seelamt und zwei Messen gehalten, und nach vollendetem Gottesdienste sollten 1 fl. 20 kr. unter die armen Leute vertheilt werden.

Die zweite Tochter Orlando's, Regina, war mit Johann v. Achen vermählt. Dieser, geboren 1562 zu Köln, ward 1590 nach München berufen, woselbst er ein Altargemälde für die St. Michaelskirche und mehrere andere, nachmals in Schleißheim verwahrte Bilder, malte.

1592 war er zum „kaiserlichen Kammermaler von Haus aus", d. i „von München aus", ernannt, 1594 von Kaiser Rudolf II. in den Adelsstand erhoben worden, nach 1600 nach Prag übergesiedelt und dortselbst nach Angabe der „Allgemeinen deutschen Biographie" am 6. Januar 1615 gestorben. Im Taufbuch der Frauenpfarrei zu München findet sich dagegen ein Eintrag, daß am 24. September 1615 dem Johannes von Ach, Maler", ein Sohn, „Johannes Franciscus" getauft worden sei, dem Joannes Tscherklas Freiherr zu Tilly, chfstl. bayer. Rath, Kammerer und Generallieutenant (der berühmte Feldherr des breißigjährigen Krieges) Pathe gestanden. Regina v. Ach scheint bei der Erbtheilung das Gut zu (Schön-)Geising überkommen zu haben, da sie nach den Briefsprotokollen der ehemaligen Hofmark Bruck wiederholt wegen weiteren Grundbesitzes in Geising handelnd auftritt. So kaufte sie am 14. September 1614 dem Hanns Schmälzl und dessen Eheweib Maria deren Haus zu Geising, welches vordem Helena Bierholzerin zu München freistiftsweise innegehabt hatte, um 1600 fl. und 16 fl. Leihkauf ab. Der Prälat Sebastian von Fürstenfeld hatte die Kaufsurkunde in Gegenwart des herzoglichen Försters Wilhelm Vogel zu Geising und des Kammerers Michael Augustin zu Fürstenfeld gesiegelt. Am 27. April 1616 lieh Regina v. Ach dem Kistler Christoph Pfaffenzeller zu Geising 70 fl. zur Einlösung eines Ackers, den sie statt der Verzinsung sieben Jahre lang „neust", binnen welcher Zeit ihr das Geld in Jahresraten von 10 fl. zurückbezahlt werden sollte.

Regina v. Ach stellt vielleicht auf Orlando's Grabdenkmal jene zweite der vordersten Frauengestalten dar, welche mit dem Wappenschild vor sich abgebildet ist, welch' Letzterer dann das Allianzwappen von Ach und de Lasso darstellen würde.

Was die beiden älteren Söhne Orlando's, Ferdinand und Rudolf, betrifft, so mag hier zuerst eine Biographie des jüngeren Rudolf ihre Stelle finden, da dessen Stamm bald erloschen ist.

Rudolf de Lasso wurde, wie Herzog Wilhelm V. im Gnadenbriefe vom 6. Dezember 1587 versprochen, zum Hoforganisten mit einem Gehalt von 200 fl. unter der Bedingung ernannt, daß er in der Kapelle singe und den Jungen oder Knaben zu singen und zu componiren lehre. 1592 betrug sein Gehalt 240 fl., 1615 390 fl. nebst 100 fl. Addition.

Er verehelichte sich mit Ursula Ainhofer, der Tochter des Gastgebers Hanns Ainhofer zu München und dessen Ehefrau Magdalena v. Rupp, welch' letztere hinwiederum eine Tochter des Hieronymus v. Rupp und der Magdalena Dichtl (Tichtl) von Tutzing war, durch welche er mit den alten Münchener Patrizier- und bayerischen Adelsgeschlechtern versippt wurde. Die nachmals in den Freiherrn- und Grafenstand erhobenen Rupp waren u. a. Besitzer des sogenannten Kaufmann Ibel-Hauses (Nr. 25) am Marienplatz. Inhaltlich des Rathsprotokolls von 1602 ward am 5. März jenes Jahres ein Extraordinari-Rath zu Malefizrecht gehalten in Sachen Rudolf de Lasso gegen Reselmaier, und dabei entschieden, daß Letzterer „mit Ernst zu besprechen" sei. Am 5. November 1603 erhielten Rudolf und sein Bruder Ferdinand auf Grund Rathsschlusses 36 fl. Verehrung zuerkannt „für das Neue verehrte Orlandische Werk der Motetten". Seit dem 16. Februar 1605 erscheint er auch als Hausbesitzer in München. Er kaufte am genannten Tage von dem Pfarrer Partenhauser zu Zorneding dessen Haus an der vordern Prannersgasse zu München, zwischen dem Kheissischen Seelhaus und Hrn. Dr. Gailkhürchners Häusern gelegen, um 1304 fl.

Dieses Haus hatte 1457 einer Agnes Saxin, 1535 einer Barbara Träglin, 1554 dem Heizer Hanns Frembd in der Neuen Vest, 1571 dem Brunnenmeister Hanns Pesele, 1598 dem fstl. Mundkoch Egid Pesele, 1602 dem Büchsenmacher Martin Eiser gehört und war von diesem 1602 an den genannten Pfarrer Partenhauser um 1200 fl. und 100 fl. Leihkauf verkauft worden.

Rudolf de Lasso (bestellter fürstlicher Componist und Hoforganist, wie er in den Grundbüchern bezeichnet ist), sah sich gezwungen, mehrfache Ewiggelder auf seinem Hause aufzunehmen; so verschrieb er 1615 dem Bruderhaus und dem Hl. Geistspital, 1620 der Maria Axthalmin, Ehefrau des Raths Wilhelm Axthalm, und 1623 den Gastgebseheleuten Thomas und Regina Freyhamer, je 5 fl. Er starb, nach Bäumker, im Jahre 1626; seine Wittwe Ursula verschrieb im Jahre 1631 sowohl den Franziskanern, als den 40 armen Scholarn in domo S. Gregorii an der Neuhausergasse je 5 fl. Ewiggeld. Das Haus gelangte dann an Rudolfs „einzige" Tochter Ursula, verheirathet an den Kammerdiener Johann Verdunckh, von Letzterem an deren Tochter Maria Magdalena, Ehefrau des chfstl. Kammerdieners Sebastian Albrecht, welcher es an den

Gemahl seiner Tochter Maria Franziska Adelheid, den chfstl. Oberstuck-hauptmann Johann Adam Purckhard von Pürckhain am 11. Jänner 1686 um 3482 fl. verkaufte. 1692 trat es dieser käuflich an den chfstl. Hofgerichtsadvokaten Johann Georg Trüttenpreis ab, nach dessen Ableben, 1716, es seine Erben an den Wildprethändler Egid Miller veräußerten, von welchem es Kurfürst Maximilian Joseph III. am 16. April 1762 behufs Erbauung eines neuen kurfürstlichen Mauth- und Packhauses, des jetzigen sogenannten Cotta-Hauses Nr. 10 an der Promenadestraße erkaufte, dessen Geschichte das von dem Verfasser dieses Lebensbildes entworfene Momentbild aus Münchens Vergangenheit: „Das Cotta-Haus und seine Nachbarn" in Nr. 4 der Allgemeinen Zeitung vom 5. Januar 1894 ausführlicher behandelt hat. Bemerkt mag hiezu nur noch werden, daß Rudolf de Lasso's Haus ungefähr den dritten, nördlichst gelegenen Theil des Areals vom heutigen Cotta-Hause eingenommen.

Aus der vorstehenden Darstellung ergibt sich, daß die Angabe, „der Schwedenkönig Gustav Adolf habe während seiner Anwesenheit in München den Rudolf de Lasso in seinem Hause mit einem Besuche beehrt und ihm verschiedene Tonstücke zu componiren aufgetragen", unrichtig ist, da Rudolf im Jahre 1632 nicht mehr unter den Lebenden weilte, die Grund- und Steuerbücher vielmehr schon Jahre vorher seine Wittib Ursula als Besitzerin des Hauses aufführen. Als König Gustav Adolf von Schweden der Stadt München am 19. Mai 1632 eine Contribution von 300,000 Reichsthalern auferlegte, und die gesammte Bürgerschaft zu Leistungen herangezogen wurde, da entrichtete auch die „Wittib Frau Ursula Lassin" einen Beitrag von 11 fl. 30 kr., wie das im Stadtarchiv verwahrte, alphabetisch angelegte Contributionen-Verzeichniß ausweist. Sonst führt dasselbe kein weiteres Mitglied der Familie de Lasso auf. Bäumker sagt zwar u. A.: „Von einer schweren Krankheit wieder hergestellt, componirte Rudolf im Jahre 1616 „Virginalia eucharistica", die er „durch seinen Sohn" dem Herzog überreichen ließ. Aus den Matrikeln des Metropolitanpfarramts ist jedoch nicht zu ersehen, ob und wessen Namens Rudolf de Lasso einen Sohn hatte. Wenn er aber wirklich einen solchen gehabt, dann muß derselbe jedenfalls in früherem Alter gestorben sein, da sonst dieser, und nicht die „einzige Tochter Ursula", wie sie im Grundbuche genannt wird, des Vaters Behausung an der Prannersgasse erblich überkommen hätte. Lipowsky, Dehn, Maier, Eitner und Bäumker führen die Compositionen auf, die Rudolf de Lasso geschaffen. Schon 1588 hatte er gemeinschaftlich mit seinem Vater Orlando in München das Werk „Teutsche Psalmen: Geistliche Psalmen mit dreyen stimmen, welche nit allein lieblich zu singen, sondern auf allerhand Art Instrumenten zu gebrauchen", herausgegeben, wovon 25 Stücke von Rudolf componirt waren. Derselbe edirte auch noch andere Werke seines Vaters, als Mitherausgeber des „Magnum opus musicum", ferner, im Jahre 1600, in München die „Prophetiae Sibyllarum" seines Vaters; im Jahre 1610 „Missae posthumae" (6) von demselben, und 1619 ließ er unter dem Titel „Jubilus Beatae Mariae Virginis" sämmtliche Magnificat seines Vaters drucken. Dem Herzog Maximilian I. componirte er 1600 einige Motetten, wofür ihm derselbe 40 fl. bezahlen ließ und, als er im folgenden Jahre demselben weitere Motetten verfertigen mußte, 28 fl. 48 kr. (Westenrieder, Beiträge IV.) Im Jahre 1617 dedicirte er dem Herzog verschiedene Musikbände mit 6 Messen, 6 Magnificat und 6 Motetten, und 1618 sein „Sacrum convivium".

Von Rudolf de Lasso steht in Bd. V S. 19 des neuen Siebmacher, „Abgestorbener Bayerischer Adel", zu lesen, daß derselbe „das Geschlecht beschlossen habe". Daß dem nicht so gewesen, wird sich aus dem Nachfolgenden ergeben.

Ferdinand de Lasso erlernte unter Anleitung seines Vaters und des zweiten Kapellmeisters Johann a Fossa die Musik und stand 1587 beim Grafen Friedrich Eitel von Hohenzollern in Diensten. 1588 gab er zu Graz „Cantiones sacras" heraus; außerdem finden sich Compositionen (aliquot piae cantilenae) von ihm in den Werken seines Vaters: „Tertium opus musicum, continens lectiones Hiob et motettas, seu cantiones sacras", Norimbergae 1588 (No. 59—61). 12 Nummern enthält das Werk: Cantiones quinque vocum ab Orlando di Lasso et hujus filio Ferdinand di Lasso", Monachii 1597, vier Magnificat das Werk: „Liber primus Cantiones sacrae, Magnificat vocant, V et VI vocum, authore Orlando di Lasso. His accesserunt quatuor ab ejusdem Orlandi filio Ferdinando di Lasso". Monachii 1602. Im nächsten Jahre, 1603, hatten er und sein Bruder Rudolf, wie oben schon erwähnt, vom Rathe der Stadt München 36 fl. Verehrung für das demselben gewidmete „Neue Orlandische Werk der Motetten" erhalten, worunter wohl das „Magnum opus musicum" zu verstehen, eine Sammlung von 516 Motetten seines Vaters, die er gemeinschaftlich mit seinem Bruder Rudolf herausgegeben. Ferdinand de Lasso ward von Herzog Wilhelm V., seinem 1587 gegebenen Versprechen gemäß, in die herzogliche Hofkapelle als Tenorist berufen und erscheint in der Hofzahlamtsrechnung von 1592 mit 240 fl. besoldet. Bald nach seines Vaters Tod erhielt er dessen Stelle als Kapellmeister mit 330 fl. Gehalt und (seit 1602) 100 fl. Zulage. Zugleich mußte er die Unterhaltung und Instruktion von fünf Singknaben übernehmen. Er verheirathete sich mit Judith Schläglin, welche ihm sieben Kinder: Wilhelm, Ferdinand, Regina, Johann Baptist, Anna Maria, Maria Salome und Maria Elisabeth gebar, und starb am 27. August 1609 in einem Alter von ungefähr 47 Jahren. Nach dem Tode seiner Mutter scheint er, sei es durch Testament, sei es durch Erbtheilung oder Erbvergleich, die zweite Orlandische Behausung in der Graggenau, das Eckhaus nahe dem Wurzerthor, alleineigenthümlich überkommen zu haben, da die Steuerbücher jener Zeit ihn als Besitzer aufführen, während sie ihn im Jahre 1591 als Inwohner daselbst verzeichnet hatten. Dies Haus hatten im Jahre 1524 die Weißirchersehleute Arsaci und Anna Kreitner, 1539 Caspar Rauch, fstl. Diener, und dessen Hausfrau, 1558 Georg Gschwendter, der jungen Fürsten in Bayern Stallmeister, und Anna, dessen Ehewirthin, eigenthümlich besessen, und es war am 15. Februar 1581 von Georg und Jakobe Gschwendter an Orlando di Lasso verkauft worden. Ferdinands Wittib Judith de Lasso verkaufte aus der Behausung inhaltlich des Grundbuchs am 22. Mai 1610 auf Anweisung ihres Schwagers Rudolf, fstl. Organisten, 30 fl. Ewiggeld an Michaeln Aepergers (?), gewesten fstl. Gerichtsschreibers zu Rosenheim selig zwei Kinder Andreas und Magdalena, ferner am 15. Februar 1612 10 fl. an Georg Schön, Herzog Wilhelms Caplan und Secretär, und am 21. Februar 1614, auf Anweisung ihres Sohnes Wilhelm, der Herzogin Maximiliana, der hohen Gönnerin des Orlandischen Hauses, Kammerdieners, 20 fl. Ewiggeld Jakoben Wötters, gewesnen Hoftirschners hinterlassenem Sohn Maximilian. In dem Ewiggeldkaufbrief vom Jahre 1612 (abgedruckt in Mon. Boic. XIX. 206) wird von ihr das Haus bezeichnet als ihr „eigen haus und hofstat gelegen allhie in der Graggenau, so ein Egkhaus und an der ainen seiten an des Martin Lämpls, und hinten gegen der Meür an J. Fstl. Dl. Herzog Albrechts (VI.) Stallung stossend".

Am 27. Oktober 1615 übergab, inhaltlich des Stadtschreiberei-Protokolls, Judith de Lasso 75 fl., welche sie ererbt hatte, ihrer „lieben Schwägerin Regina von Ach, weiland Hannsen von Ach, kais. Cammermalers hinterlassenen Wittib" und deren Erben um 1500 fl. Nach dem Hofstaats-Verzeichnisse jenes Jahres bezog sie als Capellmeisterswittwe 403 fl. für 7 Ordinarj-Singknaben, und zwar 52 fl. Kostgeld für jeden und dazu 14 fl. Wäscherlohn und 25 fl. Hauszins. Judith de Lasso starb vor dem 26. Oktober 1617, denn ein Eintrag im Stadtgrundbuche von jenem Tage besagt, daß Wilhelm de Lasso, fstl. Kammerdiener, Ferdinand de Lasso, fstl. Capellmeister, Regina de Lasso, Ehefrau des fstl. Archibusier-Reiters Hieronymus Seitz, und die Minderjährigen Johann Baptist de Lasso, Anna Maria de Lasso und Maria Salome de Lasso, sämmtlich eheliche Geschwister, als des Ferdinand de Lasso, Capellmeisters selig hinterlassene Kinder aus der von ihren Eltern selig ererbten Behausung 10 fl. an (ihren Oheim) Rudolf de Lasso, fstl. Hoforganisten und bestellten Componisten verkauft haben. Diesem Grundbuchseintrag zufolge wäre also die weitere Tochter Maria Elisabeth, welche im Taufbuche der Frauenpfarrei als am 31. März 1598 getauft aufgeführt ist, im Jahre 1617 nicht mehr am Leben gewesen. Mit der Verlassenschaft der Judith de Lasso und der Curatel ihrer minderjährigen Kinder befaßte sich der Rath zu München in seiner Sitzung vom 20. Dezember 1617 und faßte, da er sich bezüglich der Curatel in seiner Competenz beeinträchtigt glaubte, den Beschluß: den Eingriff bei Hof zu ahnden. Am 11. Juni 1618 verkauften von den voraufgeführten Geschwistern Ferdinand, Regina, Anna Maria und Anna Salome die ererbte elterliche Behausung an ihren ältesten Bruder Wilhelm um 3800 fl. und 100 fl. Leihkauf.

Im selben Jahre verschrieb Wilhelm jedem seiner beiden minderjährigen Geschwister (der Bruder Johann Baptist muß demzufolge im Jahre 1618 großjährig geworden, oder, was noch wahrscheinlicher, mit Tod abgegangen sein, da er beim Verkaufe nicht betheiligt war) 20 fl. auf der Behausung, und am 17. März 1622 verkauften er und seine Gemahlin Margaretha Jakoba das Haus an den fürstl. Palmeister (Ballmeister) Jakob Haret und dessen Ehefrau Maria um 9000 fl. und 250 fl. Leihkauf.

Was nun die weiteren Schicksale dieser zweiten Orlandi-Behausung betrifft, so gelangte selbe nach Ableben der Wittwe Maria Haret im Jahre 1656 an den kurfürstl. Kammerdiener und Guarbarobba Melchior Pappolon, dann an dessen Kinder Maria Anna, Ehefrau des kurfürstl. Hofkammerrechnungsprotokollisten Martin Dase, und an Ferdinand Dominikus Pappolon, kurfürstl. Regimentsexpeditor und Burgpfleger zu Straubing, 1677 durch Kauf an den kurfürstl. Kammerdiener und Kammermusiker Thomas Macolina, 1701 auf der Gant an den kurfürstl. Hofkammersecretär nud Hoffuttermeister Georg Adam Dimpfl und dessen Ehefrau Maria Theresia Heigel, weiter an Maria Theresia v. Blumenthal, geb. Dimpfl; von dieser 1765 erblich an deren Sohn Desiderius v. Blumenthal, und dann im Erbgang 1772 an dessen Schwester Maria Katharina, verwittwete kurfürstl. Hofrathsfrau. Von dieser kauften die Behausung 1777 Joseph Anton Haertl, Bierführer im weißen Bräuhause, und dessen Ehefrau Maria Victoria; 1802 ward sie dem Sesselträger Joseph Ruepp um 10,000 fl. käuflich zugeschrieben, kam 1839 erbschaftsweise an den Cürassierlieutenant Anton v. Maier, 1860 käuflich an Francisca Vogelbacher um 28,000 fl., 1864 durch Kauf an die Schuhmachersehelente Emil und Magdalena Bischoff um 38,000 fl., 1887 an die Premierlieutenantswittwe Maximiliana v. Sundahl in Aichberg in Oberösterreich um 110,000 Mk., und am 1. Juni 1889 endlich an den dermaligen Besitzer Bankier Franz Kester um 116,000 Mk. —

Von den obengenannten zwei ältesten Kindern des Ferdinand und der Judith de Lasso, Wilhelm und Ferdinand, gehörte der Letztere, Ferdinand, zu Lebzeiten seines Vaters zu den Singknaben der herzoglichen Kapelle. Im Jahre 1609 kam er auf Kosten des Herzogs nach Rom, um sich dort weiter auszubilden, und erhielt nach seiner Rückkehr die Kapellmeisterstelle am herzoglichen Hofe mit 400 fl. Sold, als welchen ihn auch das Hofstaatsverzeichniß von 1615 aufführt. Es muß also seine Rückkehr nach München schon früher erfolgt sein, und nicht erst 1616, wie Bäumker anführt. Er war mit Maria Mayr, Tochter des kurfürstlichen Pfistermeisters Georg Mayr, verheirathet, wie solches aus den Einträgen im Stadtgrundbuche hervorgeht, inhaltlich deren er durch diese Heirath eine Behausung in der Graggenau (jetzt Haus Nr. 3 an der Pfisterstraße) am 22. Juli 1626 erworben hat. In den Steuerbüchern von 1628—1630 erscheint er als Besitzer dieses Hauses, mit

3 fl. 3 kr. 14 Pfg. Steuer veranlagt, eingetragen; das Steuerbuch von 1631 führt bereits dessen „Wittib" als Besitzerin auf, so daß also Ferdinand vor 1631 mit Tod abgegangen sein muß, und im Steuerbuche von 1636 wird „Hans Donauer, Maler", als Eigenthümer besagter Behausung genannt. Ferdinands Gattin, Maria Mayr, beschenkte ihn — laut des Taufbuches U. L. Frau — mit folgenden Kindern:

Anna Elisabeth, getauft 12. April 1621,
Anna Katharina, „ 4. „ 1622,
Georg Ferdinand, „ 2. „ 1623,
Maria Cäcilia, „ 28. Juni 1624,
Anna Maria, „ 10. August 1626,
Rosina, „ 24. „ 1629.

Das Oberbayerische Archiv Bd. XXVIII. S. 73 führt ihn zwischen 1623 und 1625 als „Pfleger zu Reispach, Lbg. Dingolfing", auf. Nach dem Stadtschreibereiprotokoll von 1626 verschrieben er (als kurfürstl. Hofcapellmeister) und seine Ehefrau Maria Mayr aus ihrer Behausung in der Graggenau 5 fl. Ewiggeld den Franciscanern zu Entrichtung derjenigen 100 fl., welche Georg Mayer, gewester kurfürstl. Pfistermeister zu München, vor seinem Ableben zu einem ewigen Jahrtag verschafft hat. Bäumker berichtet von ihm weiter: „1629 bekommt er aus bis jetzt nicht bekannt gewordenen Gründen seine Entlassung und wurde zum Districtsrichter und Cassirer in Reischach (?) ernannt, wo er 1636 (? s. oben) starb. Er war ein sehr fruchtbarer Componist, wie das Verzeichniß bei Dehn S. 137 beweist. Wir finden da viele Messen, Motetten, Madrigale ꝛc. verzeichnet. Im Druck erschien nur: „Apparatus musicus octo vocum." Monachii 1622."

Reicht auch an den Weltruhm Orlando di Lasso's nicht hin, was seine Söhne Ferdinand und Rudolf und sein Enkel Ferdinand auf musikalischem Gebiete geleistet, immerhin haben sie sich auf demselben einen bei ihren Zeitgenossen hochgeachteten Namen erworben und somit der Welt eines der selteneren Schauspiele geboten, daß in ein und derselben Familie durch drei Generationen ein und derselbe Kunstzweig würdige Vertreter gefunden. —

Orlando's ältester Enkel Wilhelm aus der Ehe Ferdinand des Aelteren und der Judith Schläglin war ohne Zweifel schon zu Lebzeiten des Großvaters geboren, da er selber bereits vor 1614 Vater geworden ist. Er war erst Kammerdiener der Herzogin Maximiliana, dann kurfürstl. Kammerdiener und — nach dem Taufbuche der Frauenpfarrei — 1625 kurfürstl. Rechnungsrath, später, 1627, kurfürstl. Hofrath und Rechenmeister. Seine Gemahlin Margaretha Jakoba (deren Familienname kömmt im Grundbuche nicht vor) gebar ihm mehrere Kinder. Nach jenen Taufbüchern, die allerdings nur den Namen des Vaters, nicht auch den der Mutter angeben, hatte er folgende 8 Kinder:

Georg Wilhelm, getauft 10. Dezember 1614,
Johannes Orlando, „ 5. Mai 1618,
Anna Francisca, „ 25. April 1620,
Maria Margaretha, „ 21. Oktober 1621,
Maria Katharina, „ 5. „ 1622,
Maria Clara, „ 11. August 1624,
Franz Benno, „ 26. Oktober 1625,
Ignaz, „ 16. September 1627.

Beide Eltern, Wilhelm und Margaretha Jakoba, waren vor dem 20. August 1635 bereits aus dem Leben geschieden; denn unter den Urkunden des Klosters Indersdorf findet sich ein Lehenbrief, wonach Fürstbischof Veit Adam von Freysing dem kurfürstl. bayerischen Hofrathsadvokaten Sebastian Paur zu München als Lehntrager „weiland Margaretha de Lasso" nachgelassener Kinder Georg Wilhelm und Anna Francisca de Lasso, dann anstatt weiland Christina Iningerin sel. Kinder, Namens Georg Friedrich, Maria Sophia Iningerin, ferner auch seiner eigenen 7 Kinder, Namens Maria Johanna, Hans Georg, Johannes, Maria Magdalena, Anna Margaretha, Ignatius, Maria Katharina als alle des Wilhelm de Lasso, „gewesten kurbayerischen Kammerdieners Eheleiblicher Töchter" verlassene Kinder den Hof zu Stöffling in der Echinger Pfarr und Erdinger Landgericht, so vom Stift Freysing zu Lehen gehen, verbrieft.

Diesem Lehenbriefe zufolge hatten also Wilhelm und Margaretha Jakoba außer jenen oben erwähnten Kindern noch zwei Töchter, welche beide, die eine, Christina, an einen N. Ininger, die andere, mit ihrem Vornamen nicht Genannte, an den Hofrathsadvokaten Paur verheirathet, im Jahre 1635 aber bereits mit Tod abgegangen waren. Da Beide

Kinder, letztere deren sogar sieben hinterlassen hatte, dürften sie zweifelsohne vor 1614, also vor Georg Wilhelm de Lasso, geboren worden sein.

Auch ein im „Inland", Jahrgang 1830, Nr. 38, 39 und 47 erschienener, aus amtlichen Quellen geschöpfter Aufsatz „Biographische Notizen über Orlando di Lasso" constatirt, daß jener Wilhelm de Lasso, welcher früher kfstl. Kammerdiener war und später, 1624, Rechnungscommissar wurde, ein Sohn Ferdinands und Enkel Orlando's gewesen ist. Von dem oben erwähnten bayerischen Mauthner Wilhelm de Lasso läßt es besagter Aufsatz unentschieden, in welchem Verwandtschaftsverhältniß derselbe zu Orlando gestanden; er fügt nur bei, daß dieser Wilhelm „seinen Stamm durch drei Frauen (Katharina Gottfried, Margaretha Schützinger und Maria Rehrnin) fortgepflanzt habe". Daß letztgenannte Maria Rehrnin (?) identisch ist mit der oben genannten Hofgerichtsadvokatentochter Maria Klein (oder vielleicht Khern?), die als Wittwe des Mauthners Wilhelm de Lasso den Dr. Reindl im Jahre 1636 ehelichte, darüber dürfte kein Zweifel bestehen. Bezüglich der als zweiten Ehefrau des Mauthners Wilhelm benannten Margaretha Schützinger möchte aber die Frage auftauchen, ob dieselbe nicht identisch mit der als Ehefrau des erstgenannten Kammerdieners und nachmaligen Rechnungscommissars ꝛc. Wilhelm de Lasso, welcher urkundlich nachgewiesenermaßen ein Enkel Orlando's gewesen, nämlich mit der gleichfalls urkundlich ofterwähnten Margaretha Jakoba sei. Die Frage scheint, wie oben dargethan, vorläufig zu verneinen zu sein. Wollte oder müßte sie bejaht werden, dann wäre freilich die weitere Consequenz, daß der bayerische Mauthner Wilhelm de Lasso kein Sohn Orlando's, sondern identisch mit dessen mehrgenanntem Enkel Wilhelm gewesen wäre. —

Wilhelms oben genannter ältester Sohn, Georg Wilhelm, erster Urenkel Orlando's, geboren 1614, heirathete als Kammerdiener der Kurfürstin Maria Anna von Bayern im Jahre 1639 die Anna Maria Helgemairin, mit welcher er zwei Kinder: Georg Franz, getauft 16. November 1651, und Maria Anna erzeugte. Am 13. Dezember 1642 transportirten beide Ehegatten 5 fl. Ewiggeld, ihnen verschrieben aus Georg Röllens, Bäckers Haus an der Sendlingergasse im Anger-Viertel zwischen Rupprecht Zellers, Melbers, und der Indersdorfferischen Erben Häusern, weiter auf Sebastian Paur zu Haidenkambh, kurfürstl. Rath und Hofgerichtsadvokaten. — In seinen „Geschichtlichen Nachrichten über die ehemalige Grafschaft Tochau" theilt Dr. Buchinger mit, daß der Antheil des Kanonikus Hans Ulrich Vachner von St. Martin zu Landshut an der herzoglichen Mühle zu Menzing, einem Beutellehen, auf „Wilhelm de Lasso, fürstl. Zahlmeister und Kammerdiener", überging, der aber diesen Antheil „im Jahr 1649" kaufsweise an seine Schwägerin Anna Maria, Wittwe des Ferdinand Vachner, abtrat. Wann Georg Wilhelm starb, darüber fehlen weitere Nachrichten; seine Gattin Anna Maria Helgemairin dagegen ist wahrscheinlich jene „Maria de Lasso, gewefte kurfürstl. Kammerdienerin, „Wittib" gewesen, welche laut Todtenbuchs der Frauenpfarrei am 8. Oktober 1698 cum Processione (d. i. mit Conduct) im Franziskanerfreithof begraben wurde, wofür die genannte Pfarrei 6 fl. 51 kr. Beerbigungstaxen vereinnahmte. —

Georg Wilhelms einziger Sohn, [der einzige Ururenkel Orlando's, Georg Franz, geboren 1651, ward J. U Licentiatus und Hofkammersekretär und verehelichte sich mit Maria Cäcilia Heigel, der Tochter des Hofkammerraths Georg Heigel und dessen Ehefrau Anna Ursula Ilsum. Maria Cäcilia de Lasso hatte zu Schwestern die Maria Ursula Thürpödh, Ehegattin des kurfürstl. Hofkammerraths Georg Thürpödh, und Maria Theresia Dimpfl, Ehegattin des kurfürstl. Rathes und Hoffuttermeisters Adam Dimpfl, und mit diesen Schwestern nach Ableben ihrer Eltern und ihres mütterlichen Oheims Franz Ilsum vermöge Theilungslibells vom 27. Oktober 1677 ein Haus auf dem Marienplatze zu München (da wo jetzt das neue Rathhaus steht) ererbt. Ein weiteres Besitzthum hatte Maria Cäcilia de Lasso nach Ableben ihres Vaters Heigel außerhalb der Stadt beim Hofküchen- oder Kräutelgarten vor dem Kostthore geerbt, welches Heigel vom Heiliggeist-Spital erkauft hatte. — Mit Donationsbrief vom 3. November 1684 schenkte Kurfürst Maximilian Emanuel seinem Hofkammersekretär Georg Franz de Lasso dann einen neben obenerwähntem Erbtheil seiner Ehefrau Maria Cäcilia gelegenen Grasgrund vom Hofküchengarten. — Georg Franz vermehrte sein Vermögen durch weiteren Grunderwerb; so kaufte er am 7. November 1689 vom Kloster Andechs 3½ Tagewerk Anger vor Unsers Herrn Thor zu München um 350 fl. und 16 Thaler Leihkauf, und am 7. Februar 1692 weitere 4 Tagwerk Anger vor Unseres Herrn Thor vom Jesuitenkollegium. Im Jahre 1690 wendete er sich überdies mit, im Stadtarchive noch erhaltenen eigenhändigen Gesuchen an den Bürgermeister Ferdinand Barth von Harmating,

und an die Stadtkammerer, es möchte ihm bei seinem Garten vor dem
Kostthor nicht bloß derjenige Grund, wo er und der kurfürstl. Hofgartner
ben s. v. Dunget hinlegen, sammt einer Holzhütte, sondern auch ein dreieckiges spitziges Fleckl, darauf nichts als Koth und Sand, gnädigst verwilligt werden, wogegen er sich solches mit einem niederen Till einzufangen verpflichten würde.

Am 12. März 1690 erhielt Georg Franz Renovation des seinem
Vorfahren Orlando di Lasso dd. Speyer, den 7. Dezember 1570 ertheilten Reichsadels für sich und seine Descendenz, sowie für seine Mutter
Maria und für seine Schwester Maria Anna. Nach dem Abelsdiplom
und Gritzners „Bayer. Adelsrepertorium" besteht das adelige Wappen der
Familie de Lasso aus einem goldenbordirten Schilde, von Silber und
Blau schräg geviertheilt (so daß das obere und untere Dreieck kleiner als
die äußeren sind), überdeckt durch einen silbernen Balken, belegt mit
goldenem musikalischen ♭ zwischen einem goldenen ♯ (musikalischem Kreuz)
und einem goldenen ♮ (musikalischen Auflösungszeichen), in jedem der
silbernen Felder ein goldenes Kreuzchen. Auf dem gekrönten Helme wächst
ein doppelschweifiger, blausilbern senkrecht gerauteter Löwe, eine goldene
Sonne in der Pranke haltend. Die Helmdecken sind Silber und blau. —
Bemerkt mag hier werden, daß auf dem oben beschriebenen Grabdenkmale Orlando's die Stellung der drei musikalischen Zeichen im Wappen
♯ ♮ ♭ ist, während sie nach dem Diplom also sich darstellen: ♯ ♭ ♮

Am 17. Juni 1690 war auch der dem Georg Franz de Lasso gehörige ehemalige Urbarshof zu Unterspann (Gerichts Schwaben) zu einem
Edelmannssitze, unter Incorporirung dreier anderer Güter daselbst, worüber er am 10. Juli 1688 mit der Niedergerichtsbarkeit, vorbehaltlich
der Jagdscharwerke jure reali begnadigt worden war, erhoben worden.

So hatte der Ururenkel Orlando's in verhältnißmäßig jungen Jahren
eine Stellung und einen Besitz erworben, welche ihm eine noch viel
glänzendere Zukunft in Aussicht zu stellen schienen, und da auch seine Ehe
mit zwei Kindern, einem Sohne und einer Tochter, gesegnet war, so
schien nichts diesem Glücke zu mangeln, und Orlando's Stamm in neuer
kräftiger Blüthe sich entfalten zu wollen. Doch anders war es vom
Schicksal beschieden. Am Allerheiligentage 1688 schon mußte er seine
Gattin nach dem Franziskaner-Freithof zur ewigen Ruhe geleiten, und
am 5. April 1692, Abends 6 Uhr, trug man ihn selbst cum Processione

dahin. Seine beiden Kinder Johann Casimir und Johanna Euphrosina, Letztere vermählt mit dem kurfürstl. Kammerdiener und Hofkammerrathe Joseph Maria von Delling, erbten nun das elterliche Vermögen, sie traten jedoch ihren Theil an der Behausung auf dem Marienplatze durch Testament vom 30. September 1703 und Vergleich vom 14. April 1723 an ihre Tanten Frau v. Thürpöck und Frau v. Dimpflin ab, der Garten vor dem Kostthore sammt den darin stehenden Gartenhäusern aber ging laufs= weise um die Summe von 7300 fl. am 4. März 1727 an die vom Klösterl am Walchensee nach München versetzten Hieronymitaner über, welchen die v. Delling'schen Ehegatten schon im Jahre 1725 in ihrem Hause am Lehel einen Saal zu einer Kapelle und Zimmer zu Zellen für drei Patres und einen Laienbruder eingeräumt hatten. Der vormals de Lasso'sche, dann Delling'sche Garten ward nun als Bauplatz für eine Kirche und ein Kloster der Hieronymitaner bestimmt, am 19. Mai 1727 fand die feier= liche Grundsteinlegung durch die Kurfürstin Maria Amalia, am 19. Sep= tember 1737 die Einweihung der Kirche statt, der jetzigen alten St. Anna= Pfarrkirche mit dem daranstoßenden Franziskanerkloster.

Des Georg Franz de Lasso einziger Sohn Johann Casimir, der letzte männliche Nachkomme Orlando's, hatte ja keiner eigenen welt= lichen Besitzungen mehr bedurft, er war Profeß bei den unbeschuhten Karmeliten geworden; mit ihm erlosch in der ersten Hälfte des acht= zehnten Jahrhunderts das von Orlando begründete adelige Geschlecht der de Lasso im Mannesstamme; in der stillen Gruft eines Karmelitenklosters hat es seinen letzten Ausklang gefunden.

Wie der oben erwähnte Aufsatz im Jahrgang 1830 des „Inland" erwähnt, hat Oefele in seiner Wappensammlung dem colorirten Wappen= schilde der Lasso eine Notiz beigefügt, wonach der „ganze Stamm" des Orlando in München im Jahre 1744 erloschen ist; sie lautet: „D. Euphro= sina de Lasso ultima gentis suae obiit 1744 Monachij."

Um dem Leser ein Gesammtbild der von Orlando di Lasso in Bayern begründeten Familie zu bieten, folgt am Schlusse als Beilage eine Stammtafel der Lasso's, zu welcher jedoch Folgendes zu bemerken ist. Da bei der Mehrzahl der Familienmitglieder ein Geburtsdatum nicht mehr auf= gefunden werden kann, so vermochte auch die Reihenfolge in den einzelnen Generationen, so insbesondere bei den Kindern Orlando's selbst, dann bei jenen seines Sohnes Ferdinand und seines Enkels Wilhelm nicht chronologisch hergestellt und bestimmt zu werden und ist deßhalb deren Einsetzung und Darstellung in der Stammtafel nicht als eine nach dem Lebensalter der Geschwister geordnete zu betrachten. In den Taufbüchern der St. Peterspfarrei zu München wurde auch ein „Petrus de Lasso, Postmeister" eingetragen gefunden, einmal unterm 13. Oktober 1626 als Pathe des Sohnes eines ledigen Trompeters, und dann unterm 4. November 1636 selbst als Vater eines auf den Namen „Joannes Petrus" getauften Sohnes. Dem Lebensalter nach dürfte derselbe allerdings ein Enkel Orlando's gewesen sein. Da aber alle weiteren Nachforschungen nach der Abstammung dieses Petrus de Lasso resultatlos blieben, so konnte derselbe nicht in die Stammtafel eingesetzt werden. —

Aber nicht bloß Orlando's Stamm ist um die Mitte des vorigen Jahrhunderts erstorben und sein Name aus dem Buche des Lebens verschwunden, auch das Wirken dieses Heros der Tonkunst war sogar in der Stadt, von wo aus sein Ruhm sich über ganz Europa verbreitet hatte, fast in Vergessenheit gekommen. Hatte doch sogar seinem Grabdenkmal unter den Stürmen, die vor Ende des 18. Jahrhunderts über Europa dahingebraust, unter der allgemeinen Vernichtungs- und Zerstörungswuth jener Zeit der Untergang gedroht. Doch, die Sonne, und Orlando führte sie ja in seinem Wappen, vermag wohl durch schwarzes, neidisches Gewölk zeitweilig verfinstert und den Blicken der Menschen entzogen werden, ihre Strahlen brechen sich aber immer wieder Bahn und in noch hellerem, reinerem Glanze strahlt dann das göttliche Gestirn auf die Erde hernieder. So sind denn auch im Laufe dieses 19. Jahrhunderts dem Namen und Andenken Orlando's eine ganze Reihe von Ehren und Auszeichnungen geworden, welche ihm einen bleibenden Ehrenplatz nicht bloß unter den Besten des deutschen Volkes, sondern der ganzen Menschheit gesichert haben. Da war es vor Allem seine Geburtsstadt Mons, welche ihm eine monumentale Ehrung erwiesen. Dieselbe errichtete ihm ein ehernes Denkmal, zu welchem im Jahre 1841 der Grundstein gelegt und welches am 23. Mai 1853 enthüllt worden ist. Auf beide historische Akte wurden Denkmünzen geprägt; jene auf die Grundsteinlegung zeigt auf der Aversseite mit der Umschrift: „Roland de Lattre", dessen erhabenes bärtiges Brustbild mit Halskrause und umhangendem Pelzmantel. Am Abschnitt steht: Veyrat sc", darunter F. Wauguier pinxit. Auf der Reversseite: eine längliche, viereckige, von Schnitzwerk umgebene und oben mit dem Wappenschild Lattre's besetzte Tafel mit der Inschrift in drei Zeilen: „Un Grand homme est de tous les ages et la reconnaissance est de tous les instants. Ad. Mathieu." Unten drei Zeilen: „Né à Mons en 1520, Mort à Munich en 1595". (!)

Die zweite Denkmünze bringt auf der Aversseite die Inschrift: „Hic Ille Orlandus Lassum qui recreat Orbem" dann die Ansicht des ihm zu Mons errichteten Denkmals. Am Sockel steht: Frison Sculpsit, unten MDCCCLIII; an der Seite: Leopold (Wiener) F. Die Reversseite enthält die Inschrift: „Orlande de Lassus, le Prince des Musiciens de Son Temps"; in einem Eichen- und Lorbeerkranze 5 Zeilen: „né à Mons, mort à Munich 1594". Unten drei Sterne.

Aber auch in der Stadt seines ruhmvollen Wirkens sollte er des verdienten Denkmals nicht entbehren. König Ludwig I. errichtete ihm im Jahre 1849 auf dem Odeonsplatze ein ehernes Standbild, das Bildhauer Widnmann modellirte und das den großen Tondichter im Costüm seiner Zeit, auf eine abbrevirte Orgel gestützt, eben ein Tonwerk dichtend, darstellt und dessen Herstellungskosten 14,467 fl. betragen hatten. Am 15. Oktober 1849, dem Geburtstage der Königin Marie, hatte seine Enthüllung stattgefunden.

Orlando di Lasso's Denkmal auf dem Promenadeplatz zu München.

Als die Stadt München aber dem König Ludwig I. selber auf dem Odeonsplatze ein Reiterdenkmal errichtete, da (1862) wurde das Standbild Orlando's zugleich mit jenem Glucks nach dem Promenadeplatz versetzt, wo es nun, zwischen den Erzstandbildern des Kurfürsten Maximilian Emanuel und des bayerischen Kanzlers und Gesetzgebers Kreittmayr seine Stelle gefunden hat.

Aber noch eine weitere hohe Ehrung ward Orlando durch den kunstbegeisterten König zu Theil. Er ließ seine Marmorbüste in die bayerische Ruhmeshalle bei der Bavaria auf der Theresienhöhe zu München aufnehmen, in welcher nach des Königs ausdrücklicher Bestimmung nur die Edelsten und Besten aufgestellt werden sollten, damit an der ewigen Leuchte ihres Wirkens sich das bayerische Volk fort und fort erwärme und in ihrem Vorbilde eine unversiegliche Quelle und eine ewige Anregung zu ruhmwürdigen Thaten, zu fortschreitender Vervollkommnung finde.

Auf die Errichtung des Erzstandbildes in München war ein bayerischer Geschichtsthaler (ein von Voigt gravirter Doppelthaler) geprägt worden, dessen Aversseite die Inschrift: Maximilian II., König von Bayern, und dieses Königs Brustbild zeigt, darunter, C. Voigt. S. steht. Die Reversseite bringt das Standbild Orlando's mit der Umschrift: Standbild des Roland de Latre, gen. Orlando di Lasso. Errichtet in München — v. König Ludwig I. 1849.

Auch eine Bronzemedaille war noch in neuerer Zeit auf Orlando geprägt worden, deren Avers dessen nach links gewendetes Brustbild mit der Halskrause und umhängender Kette und die Umschrift: Orlandus—Lassus zeigt; darunter: Simon F.; die Reversseite bringt in 5 Zeilen die Inschrift: „Natus Montibus Hannon An. MDXX. Obiit An. MDXCIII." (!)

Aber nicht bloß Denkmäler von Stein und Erz sind Orlando von der bewundernden Nachwelt im 19. Jahrhundert errichtet worden; ihre Zahl überragen noch die literarischen Denkmäler, welche Orlando's Gestalt, Namen und Wirken in den weitesten Schichten populär gemacht haben. Eines der ersten in diesem Jahrhundert in München hat ihm Felix Joseph Lipowsky in seinem 1811 erschienenen bayerischen Musik-Lexikon gesetzt. Ihm folgten die am Schlusse dieser Darstellung aufgeführten Schriftsteller, deren theils mehr, theils minder umfangreiche

Abhandlungen insbesondere auch ein Bild von der ganz erstaunlichen Fruchtbarkeit dieses großen Tonsetzers geben. Das in dieser Beziehung bis jetzt vollständigste Verzeichniß der im Druck erschienenen Werke Orlando's, sowohl in chronologischer als alphabetischer Ordnung, hat Robert Eitner zusammengestellt in der Beilage zu den Monatsheften für Musikgeschichte, 5. und 6. Jahrg., Berlin 1874—75. Die handschriftlichen Werke, soweit sie in München auf der k. Hof- und Staatsbibliothek vorhanden sind, verzeichnete deren † Conservator Julius Joseph Maier, München 1879, dessen Amtsnachfolger, Dr. Adolf Sandberger, zu Orlando's Centenarfeier mit einer größeren Arbeit an die Oeffentlichkeit tritt, welche bis zu dem Centenariumstage vollständig erscheinen und auf Grund mehrjähriger Quellenforschungen ein erschöpfendes Lebensbild des Meisters entrollen wird.*)

Diese Bibliothek besitzt ja auch die größte Zahl der gedruckten und handschriftlichen Compositionen Orlando's. Ein summarisches Verzeichniß derselben enthält der oben erwähnte Aufsatz im Jahrgang 1830 des „Inland". Doch auch die Bibliotheken zu Paris, Rom, Bologna, Kassel, Göttingen, Brandenburg (Katharinenkirche), Danzig, Köln (Jesuitenbibliothek), Elbing (Marienkirche) u. A. können sich des Besitzes alter Drucke von Orlandischen Compositionen berühmen. Diese waren bis 1562 durchweg nur in Antwerpen, Venedig, Löwen und Rom, bis 1567 in Nürnberg und dann fast ausschließlich nur mehr in München erschienen. Erst mit 1570 trat Paris auch als Druckort auf, und war bis spät in das 17. Jahrhundert bemüht, Orlando's Werke zu vervielfältigen.

Den Manen des großen Tondichters ist das 19. Jahrhundert aber auch noch dadurch gerecht geworden, daß es neue Ausgaben seiner Werke veranstaltete. Solche verzeichnet gleichfalls Robert Eitner in den Beilagen zu den Monatsheften für Musikgeschichte Jahrgang 2, 3 und 9, Berlin 1871 und 1877. Das größte Verdienst um die Herausgabe der Werke Orlando's aber in der neueren Zeit hat sich, wie W. Bäumker rühmend hervorhebt, Professor Commer in Berlin erworben. Die Musica sacra von ihm (später im Verlag von Manz, jetzt „Nationale Verlagsanstalt", in Regensburg) brachte in Bd. V.—XII. ausschließlich Compositionen Orlando's: 12 Messen von 4—8 Stimmen, 1 Requiem, 22 Magnificat, 69 lateinische Gesänge, darunter Passion, Te deum, Lamentationen, Salve Regina, Ave Regina, 44 deutsche Motetten und Psalmen, während feine Selectio operum musicorum Batavorum 19 Stücke dieses Componisten enthält.

Orlando's kirchliche Compositionen, aus denen heiliger Ernst, gewaltige Kraft und keuscher Sinn uns entgegenweht, und die zu des Meisters Lebzeiten die Andächtigen in den ältesten Pfarrkirchen Münchens zu St. Peter und zu U. L. Frau, sowie in der (1816 abgebrochenen) Hoflirche zu St. Lorenz im Alten Hof ꝛc. in weihevolle Stimmung versetzten, sie verherrlichen auch heute noch die Gottesdienste in den genannten Pfarrkirchen, insbesondere aber jene in der Allerheiligen- und Sankt Michaels-Hoflirche, woselbst heilige Gesangsmusik strengen Stils ganz besondere Pflege findet. Auch die bayerische Hofkapelle hat ihres einzigen weltberühmten Leiters nicht vergessen; als sie im Jahre 1860 ein historisches Konzert von Compositionen bayerischer Hofkapellmeister veranstaltete, da waren es eine fünfstimmige Motette und Madrigale, mit welchen ihr einstiger „oberster Kapellmeister" Orlando auf dem hochinteressanten Programm vertreten war.

Als im Jahre 1860, am 7. August, das von Herzog Albert V. gestiftete k. Wilhelmsgymnasium, welches damals noch in dem jetzigen Gebäude der Augenklinik an der Herzogspitalstraße sich befand, sein 300jähriges Jubiläum feierte, wurde nach der Festrede des Rektors Hutter Orlando's Festgesang auf Herzog Albert V. zur Aufführung gebracht.

Als am 16. und 17. September 1871 eine Anzahl Mitglieder des Historischen Vereins von Oberbayern einen Ausflug nach Fürstenfeld-Bruck und Umgebung unternahmen, und hiebei auch Schöngeising besuchten, wurde in ehrender Weise Orlando's gedacht und mit besonders pietätvollem Interesse die in der Sacristei aufgehängte Tafel mit den von Orlando und Anderen gestifteten Jahrtagen betrachtet.

Und auch die k. Akademie der Wissenschaften ehrte Orlando's Gedächtniß, indem Frhr. v. Aretin in der Sitzung vom 21. März 1863 einen Vortrag über „Orlando di Lasso's Briefe" hielt und diesen Vortrag nachgehends auch durch Druck veröffentlichte.

Selbstverständlich wollte und konnte da auch die Stadt München selbst, die Stätte des ruhmvollen Wirkens des Meisters, nicht zurückbleiben, demselben eine bleibende Ehrung zu votiren.

Im Jahre 1853 ließ dieselbe am Hause Nr. 4 am Platzl eine Gedenktafel mit folgender Inschrift anbringen:

„Dieses Haus gehörte dem Capellmeister Orlando di Lasso, geboren zu Bergen in Hennegau im Jahre 1532, gestorben zu München im Jahre 1594; späterhin dem Maler Peter Candid, gestorben im Jahre 1628."

Als Meister Piloty im Auftrage der Stadt deren neues Rathhaus mit dem berühmten Kolossal-Geschichtsbilde schmückte, da durfte selbstverständlich Orlando nicht in dieser Ruhmeshalle hochverdienter Münchener fehlen.

Am 21. October 1873 faßte der Magistrat den Beschluß, die bisherige Seeriedergasse, welche von der Ledererstraße nach dem Platzl (der ehemaligen Graggenau) führt und dem Wohn- und Sterbehause Orlando's gerade gegenüber liegt, mit dem Namen „Orlando-Straße" zu belegen, welcher Beschluß am 4. Dezember 1873 die Allerhöchste Bestätigung fand.

„Orlandus" schlechtweg, nicht bei seinem eigentlichen Familiennamen „Lasso", nannte ihn Kaiser Maximilian II., nannte ihn Herzog Wilhelm V. in seinen vertraulichen Briefen; „Orlando" nennen ihn die gleichzeitigen Einträge in den Hofzahlamtsrechnungen und in den Rathsprotokollen; „Orlando" nannten ihn seine Zeitgenossen alle, nannten ihn die nachfolgenden Geschlechter bis heute; auf diesen Namen ward auch seine Straße getauft; zeugt aber nicht dieser halb viertehalb Jahrhunderte währende außergewöhnliche Brauch von der außergewöhnlichen Beliebtheit und Volksthümlichkeit, deren sich der Meister, dieser — gebornen Fürsten vollständig ebenbürtige Princeps Musicae, bei Mit- und Nachwelt erfreute?

Die beiden Orlandi-Behausungen in der Graggenau zu München im Jahre 1572.

Die vormaligen Orlandi-Behausungen, jetzt Haus No. 4 und 5 am Platzl zu München im Jahre 1894.

Die Stätte, die ein guter Mensch betrat, ist eingeweiht für alle Zeit. So möge denn die Geschichte des „Orlando-Hauses" im Nachstehenden ihre Vervollständigung finden. Als Orlando bi Lasso im Jahre 1567 seine (erste) Behausung in der Graggenau erwarb, da folgten sich an der Nordseite derselben von West nach Ost folgende vier Behausungen: Wolf Sittenhover, Sädler (jetzt Haus Nr. 6 an der Pfisterstraße), — Orlando bi Lasso, — Thomas Metzger, Bräuer (beide zusammen jetzt Nr. 4 am Platzl), — Georg Gschwendter, fstl. Stallmeister (jetzt Nr. 5 am Platzl). Die Geschichte des ersten, auf dem Bilde No. 4 noch ganz sichtbaren Hauses, des westlichen Nachbars Orlando's, kommt hier nicht näher in Betracht. Bemerkt soll nur werden, daß Wolf in seiner Urkundlichen Chronik Münchens Bd. I S. 701 irrthümlich behauptet, diese Sittenhover'sche Behausung sei später auf Orlando de Lasso, Kurfürstlichen (!) Kapellmeister, übergegangen. Die Geschichte des Hauses No. 5, welches 1581 von Orlando gleichfalls erkauft und bis 1622 von der Familie de Lasso besessen worden war, wurde bereits ausführlich dargestellt.

Orlando's eigentliches Wohnhaus, die erste Orlandische Behausung, wie die Steuerbücher sie nennen, war, wie gleichfalls oben schon dargethan, am 20. October 1601 von seinen Kindern an den herzoglichen Hofrath Martin Haimbl verkauft worden. Von diesem gelangte es an Hieronymus Haimbl, Herzog Albrechts (VI. oder Leuchtenbergers) Secretär und Kammerdiener, welcher es am 11. Januar 1607 an den genannten Herzog um 3000 fl. verkaufte. Von Letzterem kam es an Peter Candid, herzogl. Kammermaler, und Emilie, dessen Ehefrau. Beide verschrieben hieraus am 8. Februar 1627 6 fl. Ewiggeld dem Onopherus Hirschberger, Gastgeb, und Margaretha, dessen Ehefrau. „Weil aber," steht im Grundbuch, „gedachter ‚Canti' wegen seiner Schwachheit der Verbitt des briefs nit beywohnen khund, alß hat Herr Aurelius Lilius, J. V. D. und chfstl. Hofrath zur Bekräftigung des Briefes mit seinem eigenen Siegel gefertigt."

Nachdem Peter Candid im Jahre 1628 mit Tod abgegangen, verschrieb dessen Wittib Emilia 6 fl. 30 kr. Ewiggeld der ledigen Magdalena Prapeckhin. Am 22. Nov. 1640 verkaufte Wilhelm Candibo, fstl. Silberkammerer, für sich und im Namen der anderen Candib'schen

Erben die Behausung mit dazu gehörigem Wasserwerk an Stephan
Khriegher, chfstl. weißen Bräumeister, und dessen Ehefrau Maria Magdalena um 2775 fl. und 12 Reichsthaler Leihkauf; sämmtliche Khriegerische Erben veräußerten sie am 30. Januar 1669 an den chfstl. Hofrath
und Truchseß Caspar Marquard Zündt v. Kentzingen, der sie hinwiederum
am 1. December 1670 an den chfstl. Münz-Wardein Johann Schändl
und dessen Ehefrau Anna Maria, geb. Schauermayrin, verkaufte. Um
4000 fl. und 100 fl. Leihkauf erwarb sie am 23. März 1675 der
chfstl. Kämmerer und Hofrath Johann Ignaz Frhr. v. Aham zu Wildenau
nnd Weissendorff und dessen Gattin Maria Elisabeth, eine geborene
v. Ahaimb. Dieselben verkauften sie am 30. Juli 1688 um 6500 fl.
und 20 Thaler Leihkauf an den chfstl. Kämmerer Philipp Wilhelm
Constantin Frhrn. v. Thurn und Taxis, Herrn zu Dießen, und dessen
Gattin Maria Adelheid, geborene v. Ahaimb zu Wildenau. Am
19. Februar 1694 wurde die Behausung auf der Gant eingethan von
Maria Anna Gräfin v. Perousa, geborener Notthafftin Gräfin v. Wernberg und Fürstenstain, Wittib, Obersthofmeisterin der Kurfürstin-Wittib,
als Vormünderin ihres Sohnes, und der Genannten zugeschrieben am
5. October 1697, worauf sie die Behausung um 5000 fl. und 500 fl.
Leihkauf an Philipp Zwerger, Hofmaurermeister, und dessen Ehefrau
Appollonia verkaufte. Letzterer ging sie am 4. Juli 1704 auf Ableben
ihres Ehemanns erblich zu; am 15. Juli 1717 jedoch verkaufte die
Wittwe Appollonia das Haus ihrem gleichnamigen Sohn Philipp Zwerger,
Hofzimmerpalier, um 6400 fl. und 50 fl. Leihkauf. Nun kam es abermals
auf die Gant und wurde um 7610 fl. und 149 fl. 49 kr. 3 Heller
Gant- und Gerichtskosten dem Mathias Perchmayr, gemeiner Stadt
München Bußamts- und Bierbeschau-Mitverordneten, auf der Gant eingeantwortet, auf dessen Ableben aber der Wittib Maria Francisca erblich
zugeschrieben am 17. April 1744. Von ihr ererbte die Behausung
deren Tochter Francisca Josepha, Ehewirthin des Johann Georg Dämler,
der Landschaft in Bayern Aufschlags-Gegenschreiber (7. Dezember 1764),
welche sie jedoch schon zwei Monate später, am 23. Februar 1765, an
Benno Schamberger, Boten beim privil. Leihhaus, und Margaretha,
dessen Hausfrau, um 8800 fl. verkaufte. Der Letzteren Tochter Monica
heirathete den bgl. Bierbrauer Benno Wild, welchem dann am 12. April
1787 das Haus, gleichfalls um 8800 fl., käuflich zugeschrieben wurde.

Hier brechen die Einträge im Stadtgrundbuche bezüglich des Orlando-Hauses und somit die Darstellung seiner Geschichte ab und finden ihre Fortsetzung auf dem nächsten Folium bei den Einträgen bezüglich des östlich benachbarten Bräu-Anwesens, mit welchem das Orlando-Haus nach dem Jahre 1787 zusammengebaut worden ist. Ehe daher in der Darstellung der weiteren Geschichte des Orlando-Hauses fortgefahren wird, erscheint es angezeigt, auch die Vorgeschichte dieses nachbarlichen Brauhauses in Kürze hier einzuflechten. Als dessen Besitzer erscheinen im Stadtgrundbuche 1462 Ulrich und Dorothea Taigstetter, 1470 der Lederer Georg Schwaighofer, 1524 die Ircherseheleute Stephan und Katharina Wiser, 1553 Margret, weil. Andreas Gschwendters, fstl. Stallmeisters, Wittwe, 1566 der oben, beim Hauslaufe Orlando's erwähnte Bierbräu Thomas Metzger und dessen Hausfrau Barbara, 1576 das Katzmair-Seelhaus, welchem es auf der Gant zugefallen war, worauf es, am 27. April 1576, die Lederereheleute Balthasar und Regina Thaimer erkauften. Diese veräußerten es um 700 fl. und 10 fl. Leihkauf am 30. September 1580 an die Bierbrauerseheleute Barthlme und Katharina Päl, letztere am 30. September 1584 um 850 fl. und 12 fl. Leihkauf an die Bierbrauerseheleute Mathäus und Regina Wielepacher, welche dasselbe mit 35 fl. Ewiggeld in vier Posten belasteten.

1602 erscheinen als Besitzer die Bierbräuerseheleute Christoph und Regina Prem, 1607 die Bierbräuerseheleute Martin und Maria Lämpl, welche das Bräuhaus am 9. April 1607 um 2700 fl. und 20 fl., dann 6 Thaler Leihkauf erkauft hatten. Nur 2250 fl. und 50 Thaler Leihkauf betrug die Kaufsumme, um welche die Brauerseheleute Caspar und Maria Puecher die Behausung am 19. December 1643 erwarben, ein Beweis, wie die Hauswerthe auch in München zur Zeit des Dreißigjährigen Krieges gesunken waren. Weitere Besitzer waren alsdann die Brauerseheleute Franz und Maria Ammerlander, sodann Bierbrauer Caspar Schußmann, welcher am 21. Juni 1692 an seinen Stiefvater, den Bierbräu Franz Ammerlander, um 2325 fl. verkaufte. Nun brach abermals die Gant aus, auf welcher sie, am 20. Juni 1714, dem Bierbräu Georg Hallmayr zugeschrieben wurde. Derselbe war eigentlich im Thal (jetzt Hs.-Nr. 29) angesessen und nahm hervorragenden Antheil an der Erhebung der Bauern des Oberlandes und eines Theiles der Münchener Bürgerschaft, welche am 25. Dezember 1705 auf den Feldern und um die Kirche zu Sendling schloß, wie in der Denkschrift „Münchener Bürgertreue", München 1880, vom Verfasser Dieses ausführlicher geschildert worden. Am 7. Oktober 1705 hatte der wackere Georg Hallmaier das auf der Gant eingethane Haus an Maria Hallmairin, noch ledigen Standes, um 4300 fl. verkauft, doch es dauerte nicht lange, und abermals war es der Gant verfallen und am 14. März 1716 auf solcher dem Bräu Joseph Zadler um 3665 fl. und 93 fl. 45½ kr. Gerichts- und Gantkosten eingeantwortet worden. Im Erbgang gelangte es alsdann am 12. September 1739 an Maria Anna Crementz, Ehewirthin des Bierbrauers Balthasar Crementz; 1748, am 19. October, an die Brauerseheleute Franz und Maria Katharina Zattler, 1786, am 4. November, an der Letzteren ehelichen Sohn Benno Wild und dessen Hausfrau Monica um 4200 fl. Kaufsumme. Die Wild'schen Eheleute kauften alsdann — wie oben bereits erwähnt — im nächsten Jahre, am 12. April 1787, das westlich anstoßende Orlando-Haus um 8800 fl., ließen die beiden Behausungen zusammenbauen und verkauften am 28. Februar 1807 den ganzen Hausstock, wozu auch das an Stelle eines Rückgebäudes erstandene Haus Nr. 4 an der Falkenthurmstraße gehört, sammt dem Sommerbierkeller am Gasteig und 5 Tagwerk Anger vor dem Schwabingerthor um 41,200 fl., wobei sich jedoch die Verkäufer u. a. die „Logie" über 2 Stiegen im sogenannten alten Haus lebenslänglich zinsfrei und unaufkündbar vorbehielten, an ihren Bruder und Schwager Georg Wild und dessen Ehewirthin Josepha. Im Jahre 1825 brach über den ganzen Hausstock, das Platzl-Bräuhaus, die Gant herein und wurde selbes am 28. Januar 1825 gantweise der Handelsmannswittwe Elise Strohhammer und dem gewesenen Schuhmacher Mathias Gerstenecker um 48,339 fl. 57 kr. zugeschrieben. Noch im selben Jahre trat Erstere ihren Antheil an ihren Schwiegersohn, den Handelsmann Georg Wilhelm Meunier, und Maria, dessen Checonsortin, ab, welche 1828 Besitzer des ganzen Hauses wurden und am 18. April 1837 an den k. Kämmerer und Regierungsassessor Max Grafen von Montgelas um 35,700 fl. verkauften, von welchem es die Magistratsactuars-Ehegatten August und Luise Lindpaintner um 42,000 fl. erwarben. Letztere, als Wittwe, veräußerte es dann am 7. Juli 1853 an den Bäckermeister Xaver Zettler um 46,000 fl. Dieser verdiente Münchener Bürger, der Vater des dermaligen Besitzers der k. Hofglasmalerei, Commerzienrathes Franz X. Zettler, richtete das ehemalige Bräuhaus zu einem Gasthause ein, gab ihm den Namen seines einstigen hochberühmten Besitzers und ließ auch Orlando's Bildniß en relief in der Gaststube anbringen, vertauschte es dann aber am 22. April 1863 an den Zeugmacher und Handelsmann Johann Georg Hermann aus Heidenheim, worauf es am 9. Mai 1864 der Haus- und Wirthschaftsbesitzer Johann Reingruber um 100,000 fl. erkaufte. Am 22. Mai 1871 gelangte es in der Zwangsversteigerung um 53,000 fl. an den Metzgermeister Anton Gillitzer, dann durch Kauf am 24. Juli 1872 an die Privatiere Adele Spitzeder um 92,000 fl., und am 25. September 1873 an den Privatier Elias Adler im Wege gerichtlicher Zwangsversteigerung für 70,500 fl. Um mehr als ein Drittheil war dasselbe nach 2 Jahren im Werthe gestiegen, als es am 30. Juni 1875 die Restaurateursehegatten Anton und Therese Hörrmann, geb. Limpeck, um 112,000 fl. erkauften, von welchen es am 24. Februar 1887 der Bankier Franz Kester um 189,090 M. 61 Pfg. erwarb. Nachdem derselbe, wie bereits erwähnt, am 1. Juni 1889 auch das östliche Nachbarhaus Nr. 5 am Platzl, welches von 1581—1622 dem Orlando und seinen Nachkommen eigenthümlich gehört hatte, erworben, so sind dermalen wieder die beiden Orlandi-Behausungen sammt dem damals zwischen ihnen gelegenen Bräuhause in eines Besitzers Hand vereinigt.

Das Platzl-Bräuhaus Nr. 4 hat also seit Mitte dieses Jahrhunderts den Hausnamen „Gasthaus zum Orlando bi Lasso" erhalten. Aus der bisherigen Darstellung ist aber ersichtlich geworden, daß nicht das ganze jetzige Haus Nr. 4 Eigenthum des Orlando gewesen, sondern nur der westliche, fünf Fenster in der Breite haltende Theil desselben, nachdem ja der jetzige Hausstock aus dem Orlando-Hause und einem Bräuhause nach 1787 zusammengebaut worden ist. Daß das ursprüngliche Orlando-Haus von beiden nicht bloß das architektonisch schönere, sondern auch das werthvollere gewesen, ergibt sich aus dem im k. Nationalmuseum befindlichen Sandtner'schen Relief der Stadt München aus dem Jahre 1572 und einer Vergleichung der Werthe der beiden Behausungen, indem das Orlando-Haus im Jahre 1567: 1535 fl., im Jahre 1787: 8800 fl. das Bräuhaus im Jahre 1580: 700 fl., im Jahre 1786: 4200 fl. Kaufswerth hatte. —

Somit wäre die Darstellung des Lebensbildes Orlando di Lasso's, dieses unsterblichen Meisters der Tonkunst — indem in selbes auch die zweihundertjährige Geschichte der von ihm begründeten Familie bis zu deren Erlöschen, sowie die fünfthalbhundertjährige Geschichte der ihm zum trauten Heim und auch zum Sterbehause gewordenen Behausung und der weiteren Lasso'schen Besitzungen in München verflochten worden ist — bis in die unmittelbare Gegenwart herein gediehen, und nur einen Stein und hoffentlich einen glänzenden Schlußstein gilt es, in das reichgestaltige Mosaikgemälde einzusetzen. Solches aber schon heute zu thun, liegt nicht im Bereiche der Möglichkeit; denn dieser Stein muß erst aus der nächsten Zukunft Schacht zu Tage gefördert und für seinen erhabenen Zweck bearbeitet und gestaltet werden. Daß aber dieser Stein, daß das dritte Centenarium von Orlando's Todestag, ein in ferne Zeiten mit hellem Glanze hineinleuchtender sein wird, das zu ermöglichen scheint zunächst jene Corporation berufen, die ihn mit Stolz ihren hochberühmten einstigen Führer nennen darf, die bayerische Hofkapelle, deren europäischen Ruhm ja vorzugsweise Orlando begründet; — das zu ermöglichen, erscheint vor Allem auch die Stadt berufen, welche die Stätte des gesegneten, gottbegnadeten Lebens und Wirkens dieses Meisters gewesen.

"Ein trautes Heim ja fand in Münchens Mauern
Seit alten Zeiten schon Frau Musica.
Aeonen aber noch wird überdauern
Der Ruhm der Tage, die es freudig sah,
Als er, der große Fürst im Reich der Töne,
Orlando, dort der Töne Scepter schwang,
Und Münchens Ruf bald als des Reiches schöne
Hochburg der Tonkunst durch die Lande klang! —"

also hob der "Weihespruch" an, den der Verfasser dieses "Orlandischen Lebensbildes" — dessen hauptsächlichster und vornehmster Zweck gewesen sein sollte, den hochberühmten Tonheros des sechzehnten Jahrhunderts als "Einen der Unsern", als "Münchener", als Leiter unsrer "Münchener Hofkapelle" und als Begründer einer hochangesehen gewesenen "Münchener Familie", zu Ruhm und Ehr' unsrer Stadt zu schildern — zu den vor-

jährigen Wagner-Festspielen für die Festnummer der "Allgemeinen Kunst-Chronik" gedichtet hat. Und wenn es nun auch am 14. Juni 1894 nicht möglich sein wird, das Grab des großen Todten mit Lorber und Immortellen zu schmücken, da ja der eherne Tritt der Zeit seinen Grabhügel schon längst dem Erdboden gleich gemacht: sein einstig' Heim, sein marmorn' Bild, sein erzen' Denkmal seien dafür bekränzt; die wahre Weihe sei aber — nachdem der Dichter am besten doch nur in seinen Werken geehrt wird — seinem Gedächnißtage dadurch verliehen, daß die Weisen, die Orlando einst zu seinem und Münchens Ruhm gedichtet, an jenem Tage und in alle Zukunft von begeisterten Lippen in herrlichster Vollkommenheit erklingen und erbrausen, damit der Welt bezeugend, daß München, was es zu Orlando's Zeit gewesen, auch geblieben ist — die Hochburg der Tonkunst, daß es seinen großen Sohn nimmer vergessen, sondern alle Zeit hoch in Ehren halten wird das Gedächtniß an seinen unsterblichen
Orlando di Lasso!

Anmerkungen.

[1]) Orlando bi Lasso, eine biographische Skizze von K. A. Muffat im „Taschenbuch für vaterländische Geschichte" von Hormayr und Rudhart, 1852—53; Orlandus de Lassus ꝛc., von W. Bäumker im XVIII. Band der „Allgemeinen deutschen Biographie", Leipzig 1883, S. 1 ff.;

Orlandus de Lassus als Componist weltlicher deutscher Lieder, von Emil Bohn im I. Band, S. 184 ff. des „Jahrbuchs für Münchener Geschichte" von Reinhardstöttner und Trautmann.

„Italienische Schauspieler am Bayerischen Hofe" und „Vier Briefe Orlando's an Herzog Wilhelm", von Karl Trautmann, in Band I, S. 218 ff. und Band II, S. 490 ff., des „Jahrbuchs für Münchener Geschichte";

Lasso, Orlando de, Artikel in Felix Joseph Lipowsky's Bayerischem Musik-Lexikon, München 1811, S. 176 ff.

Westenrieder, Beiträge zur vaterländischen Historie, Band III, S. 85, 110, 112 und Band V, S. 134, und dessen Jahrbuch I. Band, I. Theil, S. 370 ff.;

Goedeke, Grundriß, II. Band, S. 45;

Eitner, R., Chronologisches Verzeichniß der gedruckten Werke von Hans Leo von Haßler und Orlando de Lassus;

Spruner, v., Charakterbilder aus der bayerischen Geschichte, München 1878, S. 115;

„Oberbayerisches Archiv", Band 6, 15, 25—29, 31, 33;

Delmotte, Notice biographique sur Roland de Lattre, connu sous le nom d'Orland de Lassus, Valenciennes 1835, in's Deutsche übertragen von S. W. Dehn, Berlin 1837;

Bäumker, Wilhelm, Orlandus de Lassus, der letzte große Meister der niederländischen Schule, Freiburg in Baden 1878.

[2]) Von Sandberger's Werk ist inzwischen bereits das erste Buch unter dem Titel: „Beiträge zur Geschichte der bayerischen Hofkapelle unter Orlando di Lasso. In drei Büchern. Erstes Buch. Mit vier Abbildungen. Nebst einer kritischen Analyse von Lasso's „primo libro, dove si contengono madrigali etc." (Antwerpen 1555) Von Dr. Adolf Sandberger, Conservator der musikalischen Abtheilung der königlich bayerischen Hof- und Staatsbibliothek zu München. Leipzig, Druck und Verlag von Breitkopf und Härtel, 1894", erschienen, welches die „Vorgeschichte" zu bilden bestimmt ist und im I. Kapitel die „Hofmusik der Wittelsbacher bis zum Eintreffen Orlando di Lasso's in München 1556" und im II. Kapitel die „Schicksale und Umgegend Orlando di Lasso's bis zu seinem Eintreffen am Münchener Hofe 1530 (1532)—1556" behandelt. Aus dieser verdienstlichen literarischen Leistung soll dasjenige in Kürze hier erwähnt und berührt werden, was zur Ergänzung, Beleuchtung und theilweise weiteren Rectificirung der in gegenwärtiger Abhandlung benützten und in selbe verflochtenen Stellen aus der früher erschienenen Literatur dienlich ist. — Auf sechzehn Seiten seines Buches legt Dr. Sandberger die Ergebnisse seiner umfangreichsten Recherchen bezüglich Orlando's Geburtsjahr nieder und äußert sich schließlich dahin, daß „das Jahr 1520 doch wohl als vollständig beseitigt zu betrachten ist, und daß man 1530 als das unumstößliche Geburtsjahr Orlando's aufstellen könnte, — stünde des Meisters Reise mit Brancaccio fest und

wäre der Stich Johann Sadelers nicht"; daß aber „nach seiner persönlichen
Meinung" Orlando 1530 geboren ist. (S. 72—74.) Vinchants Bericht von Orlando's
verbrecherischem Vater nennt Sandberger „nachweislich wenigstens in den angegebenen
Wirkungen unrichtig" (S. 75) und bezeichnet das Jahr 1544 als jenes, in welchem
der kleine Orlando dem Feldherrn (Ferdinand I. Gonzaga) in St. Didier zugeführt
worden sei" (S. 76). Von Orlando's Aufenthalt in Neapel (1550—1553, bezw.
1548—1551) weist er nach, daß derselbe Orlando die Gelegenheit bot, sich die Aus-
bildung seiner Zeit zu erwerben (S. 69 u. 89). Bezüglich des Aufenthalts Orlando's zu Rom 1553—1555¹/₂, bezw. 1551—1553¹/₂¹) bemerkt Sandberger u. A.,
van der Straten habe 1882 als Resultat einer von Cappocci gemachten Recherche
mitgetheilt, daß Lasso nicht in den Acten von St. Giovanni vorkommt, und hält
die Kapellmeisterfrage am Lateran überhaupt noch nicht aufgeklärt (S. 98). Der erste
Druck einer Orlandischen Composition fällt nach Sandberger nicht, wie Delmotte
behauptet, in das Jahr 1545, sondern in das Jahr 1555, in welchem der Verleger Thielmann Susato zu Antwerpen Lasso's Sammelbuch sowohl mit französischem
Titel: „Le quatorzième livre . . . contenant dix huyct Chansons Italiennes, Six
Chansons Françoises et six Motets faictz (à !a nouvelle composition d'aulcuns
d'Italie)" als mit italienischem: „Il primo libro dove si contengono etc." (Eitner,
Lasso-Verzeichniß 1555a) herausgab, während Latio (b. h die Verleger Hubert
Waelrant und Jean Laet) zu Antwerpen im selben Jahre 1555 genau dasselbe
Werk mit italienischem Titel, wie Goovaerts behauptet, gedruckt haben soll. Zu
diesen beiden ersten Verlegern sei dann noch Gardano in Venedig getreten (S. 109).
— Orlando's Ankunft in München soll nach Sandberger wahrscheinlich schon zu
Ende 1556 (welches Jahr auch Westenrieder anführt), nicht 1557 erfolgt sein (S. 57);
bezüglich Orlando's Amtsvorgänger Ludwig Daser bringt Sandberger einen Ab-
druck des demselben von Herzog Albrecht V. unterm 29. Mai 1563 ertheilten Dienst-
entlassungs- und Leibgedingsbriefes. Bezüglich der Lasso'schen Bußpsalmen führt
Sandberger an, daß die Vollendungszeit des ersten Bandes 1565, jene des zweiten
Bandes 1570 gewesen, und daß der auf den 20. Juni 1570 datirte Abschluß des
Beschreibungsbandes derselben nicht von Quidelberg, der schon 1567 mit Tod abgegangen war, sondern wahrscheinlich durch Caspar Lindel, Doctor Svae Cels. A.
Consiliis a Secretis herbeigeführt worden ist (S. 70). Schließlich soll noch erwähnt werden, daß Sandbergers Buch drei Reproduktionen von Orlando-Bildnissen
enthält, die eine, Orlando's Portrait aus dem Jahre 1565 darstellend, wie dasselbe
auf der vorletzten Seite des ersten Bandes der Bußpsalmen eingemalt ist, die
andere nach einem, Lasso im 39. Lebensjahre darstellenden Holzschnitte in Orlando's
Werk Meslanges etc. 1570, erschienen bei Adrian Le Roy und Robert Ballart in
Paris, und die dritte endlich, Lasso im 50. Lebensjahre (1580) darstellend, nach
einem Portrait, welches Eigenthum des in seiner Geschichte mit Lasso eng ver-
knüpften k. Erziehungsinstituts zu München ist.

Nachdem am 24. Februar 1894 der Schluß dieses Orlandischen Lebensbildes
in No. 46 der wissenschaftlichen Beilage der Allgemeinen Zeitung erschienen war,
erhielt Tags darauf, am 25. Februar, der Verfasser von der Société des Sciences etc.
zu Mons durch die Post ein Widmungsexemplar deren Eingangs erwähnter und
inzwischen gleichfalls fertig gestellter Publikation zugestellt. Dieses Prachtwerk, durch
welches die genannte Société und mit ihr Orlando's belgisches Heimathland in der

Hat dem Meister ein ganz hervorragendes, würdiges, literarisches Denkmal gesetzt und damit nicht bloß ihn, sondern sich selber geehrt hat, trägt den Titel:

„1520—1594.

ROLAND DE LASSUS
SA VIE ET SES OEUVRES
PAR
JULES DECLÈVE
ILLUSTRATIONS DE LOUIS GREUSE

Publication spéciale de la Société des Sciences, des Arts
et des Lettres du Hainaut,"

ist zu Mons in der Buchdruckerei von Leopold Loret (Rue de Raquette 14 und 16) in hoch 8° auf feinstem Velinpapier, 244 Seiten stark, in reicher typographischer Ausstattung gedruckt und bilden seinen Inhalt:

	Page
Introduction	I à IX
Roland de Lassus. Sa naissance, son nom., sa famille, sa vie, ses voyages, son séjour à Munich, sa mort	1
Oeuvres de Roland de Lassus	65
Roland de Lassus apprécié par les savants et les critiques. Influence qn'il exerça sur l'art musical au XVIme siècle	135
Portraits, tableaux, médailles, tombeau, statues, plaque commémorative, armoiries	181
Rapport à l'Administration communale de Mons par M. Léopold Devillers, sur Roland de Lassus	211
Bibliographie	227
Description du manuscrit des psaumes de la pénitence	238
Postface	241

Außer reichen, in den Text eingestreuten Vignetten enthält das Werk folgende trefflich ausgeführte Stiche: Das Portrait Orlando's nach Sadelers Stich vom Jahre 1593; ein allegorisches Titelblatt, einen monumentalen Aufbau darstellend, auf dessen, mit Orlando's Wappen gekröntem Simse die Genien des Ruhmes und der Geschichte rasten, während die Frontseite die von Fackel schwingenden Amoretten beleuchtete Inschrift:

„Gloire à Roland de Lassus, enfant de Mons,
Gloire à l'illustre compositeur!"

und unten die Jahrzahlen „1520—1594" trägt: weiters einen Brief Orlando's an Herzog Wilhelm vom 16. Juni 1575 aus München nach Landshut adressirt: — Orlando's Erstandbilder zu Mons und zu München;— eine „Orlande", Auszug aus den „Meslanges d'Orlande de Lassus", herausgegeben 1576—78 von Adrien Le Roy und Robert Ballard zu Paris; — weiter Fragmente von Notations anciennes; — Medaillen auf Orlando; — sein Grabmal; — sein Haus zu München; — endlich sein und seiner Hausfrau Regina Weckinger Wappen. —

Tafel der Abbildungen.

1) Titelbild
entworfen und gezeichnet von Rudolf Seitz, k. Professor, Ehrenmitglied der k. b. Akademie der bildenden Künste und Ehren-Konservator des k. b. Nationalmuseums, mit

Orlando di Lasso's Porträt.
Nach einem im Historischen Museum und der Maillinger Sammlung der Stadt München befindlichen, von Johann Sabeler im Jahre 1593 gefertigten Stiche.

2) Grabmal des Orlando di Lasso und seiner Ehegattin Regina Weckbinger auf dem vormaligen Franziskaner-Freithofe zu München (nunmehr im k. b. Nationalmuseum).
Nach einer Original-Aufnahme von J. Obernetter in München.

3) Orlando di Lasso's Denkmal auf dem Promenadeplatz zu München.
Nach einer Photographie, aufgenommen von Cajetan Uebelader, k. Rechnungsrath, Vorstand des Photographischen Clubs zu München, im Jahre 1894.

4) Die beiden Orlandi-Behausungen in der Graggenau zu München im Jahre 1572.
Nach dem im k. b. Nationalmuseum befindlichen Jakob Sandtner'schen Relief der Stadt München vom Jahre 1572 gezeichnet im Auftrage des k. Commerzienrathes Franz Xaver Zettler von A. Hartmann.

5) Die vormaligen Orlandi-Behausungen, jetzt Haus No. 4 und 5 am Platzl zu München im Jahre 1894.
Nach einer Photographie, aufgenommen von dem k. Rechnungsrathe Cajetan Uebelader